HISTOIRE
DE MA VIE.

PARIS, TYPOGRAPHIE DE HENRI PLON.

RUE GARANCIÈRE, 8.

HISTOIRE

DE MA VIE

PAR

GEORGE SAND.

Charité envers les autres;
Dignité envers soi-même;
Sincérité devant Dieu.

Telle est l'épigraphe du livre que j'entreprends.

15 *avril* 1847.

GEORGE SAND.

TOME SEIZIÈME.

PARIS
VICTOR LECOU, ÉDITEUR,
RUE DU BOULOI, 10.
1855

TROISIÈME PARTIE.

CHAPITRE VINGT-TROISIÈME.

(Suite.)

Les pâtres descendent de la montagne. — Passage des troupeaux. — Un rêve de vie pastorale s'empare de moi. — Bagnères-de-Bigorre. — Les spélonques de Lourdes. — Frayeur rétrospective. — Départ pour Nérac.

XVI.   I

CAUTERETS

(Suite du Journal).

« Le pont d'Espagne, la chute de Cerizey, le lac de Gaube, le glacier de Vignemale, quelles admirables choses! Mais on voit tout cela trop vite. Il faudrait pouvoir vivre un mois dans chaque site, et y vivre à sa guise et avec les amis

1.

de son choix. Tout cela est si beau,
si attachant, si bouleversant, qu'on
n'est que fou et comme ivre à la
première vue. Et puis, vite, vite,
il faut passer outre, parce qu'il
faut arriver. Et à peine arrivé, il
faut partir encore, parce qu'il faut
rentrer. Je ne sais où donner de
la tête. Je suis toujours pressée, pour
mon compte aussi, de retrouver
mon marmot, et je reste toujours
sur ma soif devant les merveilles
de la nature.

S'en lasserait-on, si on les avait
à discrétion? Non, ce n'est pas possible, à moins que cet air vif et
cette excitation de l'esprit ne fussent
mortels à nous autres gens de la

plaine. Je ne sais pas, mais quant
à moi, jusqu'ici, plus je me fatigue, plus j'ai envie de recom-
mencer. Le mouvement m'a saisie
comme une fièvre. Je tousse et j'é-
touffe à chaque instant, mais je ne
sais pas si je souffre. Oui, au fait,
je souffre, je m'en aperçois quand
je suis seule. L'autre jour, je me
promenais dans des rochers, derrière le jardin Labatte. J'ai été prise
de crampes d'estomac si abomina-
bles que j'ai été obligée de me coucher sur l'herbe. Une bonne femme
qui allait au lavoir m'avait vue entrer dans ces rochers; elle m'a suivie pour me dire qu'il y avait des
serpents et qu'il y avait danger à
rester là. Ça m'était égal, tant je

souffrais et me sentais brisée; mais
j'ai fait un effort pour m'en aller,
afin de ne pas tourmenter cette
femme, qui avait l'air compatissant.
Je l'ai suivie au lavoir et l'ai regardée battre et tordre son linge.
Elle se faisait à peu près entendre
en français et se trouvait bien mal-
heureuse d'habiter ce beau pays où
je voudrais passer ma vie, mais
dont elle ne voit que les horreurs
et les rigueurs. Tous ces montagnards parlent de l'hiver avec épouvante. Leur été est si court qu'ils
n'ont pas le temps de le prendre
en amitié.

Mes amies B*** ne s'amusent
point ici. Elles se sont constituées

baigneuses et buveuses d'eau, à la
lettre. Je ne sais pas quelle est la
maladie d'Aimée. Elle est certainement malade, mais il ne me semble pas qu'elle le soit moitié autant que moi, et je me figure que
si elle ne buvait rien du tout et se
fatiguait à la promenade, elle re-
prendrait ses forces. Mais son père
est vieux et lourd, et elles sont ici
prisonnières, ne jouissant de rien,
ne voyant rien, faisant de petites
promenades de *santé* qui entretien-
nent parfaitement la maladie, et
s'imaginant que je me tue parce
que je ne veux pas me laisser tuer
par les médecins. Celui d'ici est furieux contre moi parce que je ne
l'écoute pas. »

———

J'écrivis beaucoup sur les Pyrénées durant et après ce voyage.
Mes premières notes jetées sur un
agenda de poche, et d'où je viens
d'extraire ces lignes, sont rédigées
avec assez de spontanéité, comme
l'on voit. Mais il m'arriva, après
coup, ce qui doit être arrivé à
beaucoup d'écrivains en herbe. Mé-
contente du laisser aller de ma première forme, je rédigeai, sur des
cahiers, un voyage que je relis en
ce moment, et qui se trouve très-
lourd et très-prétentieux de style.
Et pourtant ce prétentieux fut naïvement cherché, je m'en souviens.
A mesure que je m'éloignais des

Pyrénées, j'avais peur de laisser échapper les vives impressions que j'y avais reçues, et je cherchais des mots et des phrases pour les fixer, sans en trouver qui fussent à la hauteur de mon sujet. Mon admiration rétrospective n'avait plus de limites, et j'étais emphatique consciencieusement.

Au reste, je sentis bien que je n'étais pas capable de me contenter moi-même par mes écrits, car je ne complétai rien et ne pris pas encore le goût d'écrire.

Ce journal me retrace une circonstance que j'avais presque oubliée, c'est qu'il y eut un peu de

dissidence entre l'aînée des demoi-
selles B. et moi à propos du choix
de nos relations, qui se trouva
différer autant que nos habitudes
de régime. Aimée était une personne accomplie et d'une distinction exquise. Elle aimait tout ce
qui est élégant et *orné* d'une façon
quelconque dans la société : les
noms, les manières, les talents, les
titres. Moi, écervelée (car je l'étais
à coup sûr), je traitais tout cela de
vanité en moi-même et j'allais cherchant l'intimité et la simplicité avec
la poésie. Grâce à Dieu, je les trouvai
dans Zoé, qui était réellement une
personne de mérite, et, en outre,
une femme d'un cœur aussi avide
d'affection que le mien. Elle était aussi

romanesque qu'Aimée était positive,
aussi expansive que Jane était rêveuse et réservée. J'aimais ces diverses natures, qui, malheureuse-
ment, ne sympathisaient pas entre
elles.

Ce en quoi j'eus bien raison,
ce fut de ne vouloir pas me sou-
mettre au traitement des eaux.
Quand je me vis, après une douche
écrasante, enveloppée de couvertures comme une momie, embal-
lée dans une chaise à porteurs, et
ramenée dans ma chambre avec
injonction de me coucher pendant
le reste de la matinée, je crus que
j'allais devenir folle, et j'entrai en
révolte ouverte. A ce métier-là,

avec les visites à recevoir et à
rendre, je n'aurais pas vu mon
enfant de la journée et je n'aurais
pas aperçu les Pyrénées. Je me
hâtai de supprimer le traitement
et de ne fréquenter que les personnes avec qui je me plaisais.
Zoé et sa famille demeuraient précisément dans la maison en face
de la nôtre. La rue n'était pas
large. Nous pouvions causer par la
fenêtre et aller et venir dix fois
par jour les unes chez les autres.

Nous quittâmes Cauterets à la fin
d'août, je crois, chassés déjà par
les brouillards qui s'épaississaient
et refroidissaient l'atmosphère. Les
baigneurs s'en allaient, quelques

promeneurs attardés se dépitaient comme moi de voir la nature s'obscurcir et se voiler au moment où la solitude leur permettait de la savourer. Je dis la solitude relativement aux gens du monde, car, à ce moment, il se faisait, au contraire, un grand mouvement chez les indigènes. Toute la population des pasteurs de troupeaux descendait les cimes où elle avait parqué les trois mois de la belle saison avec le bétail, et retournait à la plaine. C'était un passage continuel d'hommes et d'animaux quasi sauvages, et c'était vraiment un beau spectacle que cette migration. Les robustes bergers, bronzés par le soleil et plus semblables à des

Arabes qu'à des Français, mar-
chaient par groupes dans leur pittoresque costume, accompagnés de
petits chevaux ou de mulets portant leur mobilier, c'est-à-dire quelques couvertures, des cordes, des
chaînes, et ces grands vases de
cuivre éblouissants où ils reçoivent
et travaillent le laitage. Derrière
eux suivaient leurs troupeaux réunis,
vaches, moutons, chèvres, veaux et
poulains. Bon nombre, nés dans la
saison sur la montagne, n'avaient
encore jamais vu d'autres hommes
que leurs gardiens, et, saisis d'une
indicible terreur en traversant les
hameaux, ils s'engouffraient, suants
et désespérés, dans les rues étroites,
et il ne faisait pas bon se trouver

sur leur passage. Sur les flancs de
ces caravanes couraient ces grands
chiens des Pyrénées, les types pri-
mitifs, dit-on, de la race canine,
animaux superbes qui, à la manière
des taureaux de race pure, ont la
tête, l'encolure et les épaules dis-
proportionnées en raison du train
de derrière, qui semble évidé pour
la course. La voix de ces molosses
est une basse-taille profonde, et,
dans la nuit, quand ils passaient
sous ma fenêtre, il y avait quelque chose d'étrange et de farouche
dans leur aboiement sonore et dans
le bruit lourd et précipité des pieds
des troupeaux sur le granit.

La vie des pâtres sur la monta-

gne se présentait à mon imagination comme un rêve divin, et je
me rappelais ce que Deschartres
m'avait expliqué : *O fortunatos !...*
c'est-à-dire : « O heureux les habitants des campagnes, s'ils con-
naissaient leur bonheur! »

Vivre ainsi dans la solitude des
monts sublimes, dans la plus belle
saison de l'année, au-dessus, mo-
ralement et réellement, de la région des orages; être seul, ou avec
quelques amis de même nature que
soi, en présence de Dieu; être assez aux prises avec la vie physique, avec les loups et les ours,
avec les périls de l'isolement et les
fureurs de la tempête, pour se sen-

tir, en tant qu'animal soi-même,
ingénieux, agile, courageux et fort;
avoir à soi les longues heures du
recueillement, la contemplation du
ciel étoilé, les bruits magiques du
désert, enfin la possession de ce
qu'il y a de plus beau dans la création unie à la possession de soi-
même, voilà l'idéal qui succéda, dans
ma jeune tête, à celui de la vie
monastique, et qui la remplit pendant de longues années.

Je me rappelais Isabella Clifford,
mon amie de couvent, me racontant la Suisse et son rêve d'être ber-
gère dans un beau chalet de l'O-
berland. Moi, j'aurais voulu devenir

berger, avoir la poitrine large et les
fortes jambes de ces espèces de sauvages que je voyais passer, graves,
pensifs et comme déshabitués de
voir et d'entendre les autres hommes. J'aurais voulu pouvoir mettre
sur un mulet mon enfant, ma couverture, quelques livres, c'est-à-dire
tout mon bonheur, tout mon bien-
être, toute ma fortune, et m'en aller
passer trois mois chaque année dans
une Thébaïde poétique.

Mais j'aurais voulu emporter là
mon cœur et ma pensée. Ces bergers, dont plusieurs étaient des espèces de vieux prêtres, étudiant leurs
missels et chantant ensemble leurs

vieux cantiques, avaient certainement
à mes yeux, et dans la réalité peut-
être, de la grandeur et de la poésie. Mais ils ne sentaient que vague-
ment les mystérieuses délices de leur
existence, et les livres saints étaient
pour eux, disaient-ils, un préservatif
contre l'effroi et l'ennui de l'exil au
désert. Pour moi, les pensées bibli-
ques eussent été, au contraire, le
complément de cette vie contemplative, et il me semblait que ma prière
eût été là non pas une tremblante
supplication, mais un hymne perpétuel.

Ces pensées me sont bien présen-
tes, car, outre que j'en retrouve la

2.

trace dans tous mes souvenirs, ce
que j'en dis est le résumé des longues et naïves *tartines* de mon journal.

Nous voulûmes voir Bagnères-de-
Bigorre avant de quitter les mon-
tagnes. En sortant des gorges et des
crêtes médianes de la chaîne pyré-
néenne, nous trouvâmes l'été brûlant
des côtes et des larges vallées. La
chaleur était insupportable à Bagnères, et la nature, belle encore, n'avait
plus ce prestige de grandeur et d'é-
trangeté qui m'avait saisie. Et puis,
c'était une ville de plaisir, beaucoup
d'Anglais, des demeures opulentes,
des exhibitions de chevaux et d'at-
telages de luxe, des fêtes, des spec-
tacles, du monde et du bruit. Ce

n'était plus là mon fait. Nous n'y
passâmes que peu de jours, bien que
Maurice s'accommodât fort de ce
beau soleil et de tous ces *dadas* splen-
didement équipés.

Avant de prendre le chemin de
Nérac, et nous retardions le plus
possible, à cause de la chaleur encore plus intense que nous devions
y retrouver et dont je craignais que
l'enfant ne souffrît en route, nous
fîmes une excursion très-intéressante,
mon mari et moi, avec un de ceux
de nos amis de Cauterets que nous
avions retrouvés à Bagnères. Cet ami
avait ouï parler des *espéluques* ou *spé-*
lonques de Lourdes. C'était une aventure pénible et qui tentait peu de

voyageurs. Elle nous tenta. Nous fîmes la route à cheval, et après avoir
déjeuné à Lourdes, nous prîmes un
guide et le chemin des cavernes.

L'entrée n'en était pas attrayante.
Il fallait ramper un à un à plat ventre sous le rocher, et bien qu'il y
eût la place nécessaire, cet enseve-
lissement d'un instant dans les ténèbres a quelque chose de terrifiant
pour l'esprit.

Mais une promenade de plusieurs
heures dans ce monde souterrain fut
un enchantement véritable. Des galeries tantôt resserrées, étouffantes,
tantôt incommensurables à la clarté
des torches, des torrents invisibles ru-

gissant dans les profondes entrailles
de la terre, des salles bizarrement
superposées, des puits sans fond,
c'est-à-dire des gouffres perdus dans
des abîmes impénétrables et battant
avec fureur leurs parois sonores de
leurs eaux puissantes, des chauves-
souris effarées, des portiques, des
voûtes, des chemins croisés, toute une
ville fantastique creusée et dressée
par ce que l'on appelle bénignement
le caprice de la nature, c'est-à-dire
par les épouvantables convulsions de
la formation géologique; c'était un
beau voyage pour l'imagination, terrible pour le corps; mais nous n'y
pensions pas. Nous voulions pénétrer partout, découvrir toujours.
Nous étions un peu fous, et le guide

menaçait de nous abandonner. Nous
marchions sur des corniches au-dessus d'abîmes qui faisaient penser à
l'enfer de Dante, et il y en eut un
où nous voulûmes descendre. Ces
messieurs s'y enfoncèrent résolûment
en marchant à la manière des ra-
moneurs sur des anfractuosités, et
je les y suivis, liée à une corde que
l'on fit avec tous nos foulards noués
au bout les uns des autres. Il fallut
s'arrêter bientôt, tout manquait, les
points de repère pour les pieds et
les foulards pour le sauvetage.

Nous revînmes à cheval pendant
la nuit, par une pluie fine et un
clair de lune doucement voilé. Nous
étions à Bagnères à deux heures du

matin. J'étais plus excitée que lasse,
et je ressentis, pendant mon sommeil, le phénomène de la peur rétrospective. Je n'avais songé, dans
les spélonques, qu'à rire et à oser.
Dans mes songes, la cité souterraine
m'apparut avec toutes ses terreurs.
Elle se brisait, elle s'entassait sur
moi; j'étais suspendue à des cordes
de mille pieds, qui rompaient tout
à coup, et je me trouvais seule dans
une autre ville plus enfouie encore,
descendant toujours et se perdant
par mille galeries et recoins pira-
nésiques jusqu'au centre du globe. Je
me réveillais baignée d'une sueur
froide, et, en me rendormant, je par-
tais pour d'autres voyages et d'autres
visions encore plus fiévreuses.

Je n'ai gardé aucun souvenir du
voyage de Bagnères à Nérac. Il en
est ainsi de beaucoup de pays que
j'ai traversés, sous l'empire de quelque préoccupation intérieure; je ne
les ai pas vus. Les Pyrénées m'avaient
exaltée et enivrée comme un rêve
qui devait me suivre et me char-
mer pendant des années. Je les em-
portais avec moi pour m'y prome-
ner en imagination le jour et la nuit,
pour placer mon oasis fantastique
dans ces tableaux enchanteurs et
grandioses que j'avais traversés si
vite, et qui restaient pourtant si com-
plets et si nets dans mon souvenir,
que je les voyais encore dans leurs
moindres détails.

CHAPITRE VINGT-QUATRIÈME.

Guillery, le *château* de mon beau-père, était une maisonnette de cinq croisées de front, ressemblant assez à une guinguette des environs de Paris, et meublée comme toutes les bastides méridionales, c'est-à-dire très-modestement. Néanmoins l'ha-

bitation en était agréable et assez
commode. Le pays me sembla d'a-
bord fort laid; mais je m'y habi-
tuai vite. Quand vint l'hiver, qui
est la plus agréable saison de cette
région de sables brûlants, les forêts
de pins et de chênes-liéges prirent,
sous les lichens, un aspect drui-
dique, tandis que le sol, raffermi
et rafraîchi par les pluies, se cou-
vrit d'une végétation printanière qui
devait disparaître à l'époque qui est
le printemps au nord de la France.
Les genêts épineux fleurirent, des
mousses luxuriantes, semées de vio-
lettes, s'étendirent sous les taillis,
les loups hurlèrent, les lièvres bon-
dirent, Colette arriva de Nohant, et
la chasse résonna dans les bois.

J'y pris grand goût. C'était la chasse sans luxe, sans vaniteuse exhibition d'équipages et de costumes, sans jargon scientifique, sans habits rouges, sans prétentions ni jalousies de *sport*; c'était la chasse comme je pouvais l'aimer, la chasse pour la chasse. Les amis et les voisins arrivaient la veille, on envoyait vite boucher le plus de terriers possible; on partait avec le jour, monté comme on pouvait, sur des chevaux dont on n'exigeait que de bonnes jambes et dont on ne raillait pourtant pas les chutes, inévitables quelquefois dans des chemins traversés de racines que le sable dérobe absolument à la vue et contre lesquelles toute pré-

voyance est superflue. On tombe
sur le sable fin, on se relève, et
tout est dit. Je ne tombai cependant jamais; fut-ce par bonne
chance ou par la supériorité des
instincts de Colette, je n'en sais
rien.

On se mettait en chasse quelque
temps qu'il fît. De bons paysans
aisés des environs, fins braconniers,
amenaient leur petite meute, bien
modeste en apparence, mais bien
plus exercée que celle des ama-
teurs. Je me rappellerai toujours
la gravité modeste de *Peyrounine*
amenant ses trois *couples et demie*
au rendez-vous, prenant tranquillement la piste, et disant de sa

voix douce et claire, avec un imperceptible sourire de satisfaction : « *Aneim, ma tan belo!* » *aneim*, c'est *allons*, *courage*; c'est le *animo* des Italiens; *tant belo*, c'était *Tant-Belle*, la reine des bassets à jambes torses, la dépisteuse, l'obstinée, la sagace, l'infatigable par excellence, toujours la première à la découverte, toujours la dernière à la retraite.

Nous étions assez nombreux, mais les bois sont immenses et la promenade n'était plus, comme aux Pyrénées, une marche forcée sur une corniche qui ne permet pas de s'éparpiller. Je pouvais m'en aller seule à la découverte sans

craindre de me perdre, en me
tenant à portée de la petite fan-
fare que Peyrounine sifflait à ses
chiens. De temps en temps, je l'entendais, sous bois, admirer, à part
lui, les prouesses de sa chienne
favorite et manifester discrètement
son orgueil en murmurant : « *Oh !
ma tant belle ! oh ! ma tant bonne !* »

Mon beau-père était enjoué et
bienveillant; colère, mais tendre,
sensible et juste. J'aurais volontiers
passé ma vie auprès de cet aimable
vieillard, et je suis certaine que
nul orage domestique n'eût appro-
ché de nous; mais j'étais condam-
née à perdre tous mes protecteurs

naturels, et je ne devais pas conserver longtemps celui-là.

Les Gascons sont de très-excel-
lentes gens, pas plus menteurs,
pas plus vantards que les autres
provinciaux, qui le sont tous un
peu. Ils ont de l'esprit, peu
d'instruction, beaucoup de paresse,
de la bonté, de la libéralité, du
cœur et du courage. Les bourgeois,
à l'époque que je raconte, étaient,
pour l'éducation et la culture de
l'esprit, très-au-dessous de ceux de
ma province; mais ils avaient une
gaieté plus vraie, le caractère plus
liant, l'âme plus ouverte à la sympathie. Les caquets de village étaient
là tout aussi nombreux, mais in-

finiment moins méchants que chez
nous, et s'il m'en souvient bien,
ils ne l'étaient même pas du tout.

Les paysans, que je ne pus fréquenter beaucoup, car ce fut seulement vers la fin de mon séjour
que je commençai à entendre un
peu leur idiome, me parurent plus
heureux et plus indépendants que
ceux de chez nous. Tous ceux qui
entouraient, à quelque distance, la
demeure isolée de Guillery étaient
fort aisés, et je n'en ai jamais vu
aucun venir demander des secours.
Loin de là, ils semblaient traiter
d'égal à égal avec *mousu le varon*,
et quoique très-polis et même cé-
rémonieux, ils avaient presque l'air

de s'entendre pour lui accorder une
sorte de protection, comme à un
voisin honorable qu'ils étaient jaloux de récompenser. On le com-
blait de présents, et il vivait tout
l'hiver des volailles et du gibier
vivants qu'on lui apportait en
étrennes. Il est vrai que c'était
un échange de réfection panta-
gruélesque. Ce pays est celui de
la déesse Manducée. Les jambons,
les poulardes farcies, les oies
grasses, les canards obèses, les
truffes, les gâteaux de millet et
de maïs y pleuvent comme dans
cette île où Panurge se trouvait
si bien; et la maisonnette de
Guillery, si pauvre de bien-être
apparent, était, sous le rapport

de la cuisine, une abbaye de
Thélème d'où nul ne sortait,
qu'il fût noble ou vilain, sans
s'apercevoir d'une notable aug-
mentation de poids dans sa personne.

Ce régime ne m'allait pas du
tout. La sauce à la graisse était
pour moi une espèce d'empoisonnement, et je m'abstenais souvent
de manger, quoique ayant grand
faim au retour de la chasse. Aussi
je me portais fort mal et maigris-
sais à vue d'œil, au milieu des
innombrables cages où les ortolans
et les palombes étaient occupés à
mourir d'indigestion.

A l'automne, nous avions fait une course à Bordeaux, mon mari et moi, et nous avions poussé jusqu'à la Brède, où la famille de Zoé avait une maison de campagne. J'eus là un très-violent chagrin, dont cette inappréciable amie me sauva par l'éloquence du courage et de l'amitié. L'influence que son intelligence vive et sa parole nette eurent sur moi en ce moment de désespérance absolue disposa de plusieurs années de ma vie et fit entrer ma conscience dans un équilibre vainement cherché jusqu'alors. Je revins à Guillery brisée de fatigue, mais calme, après avoir promené sous les grands chênes plantés par Montes-

quieu des pensées enthousiastes et
des méditations riantes où le souvenir du philosophe n'eut aucune
part, je l'avoue.

Et pourtant j'aurais pu faire ce
jeu de mots que l'*Esprit des lois*
était entré d'une certaine façon et
à certains égards dans ma nouvelle
manière d'accepter la vie.

Nous avions descendu la Garonne
pour aller à Bordeaux; la remon-
ter pour retourner à Nérac eût
été trop long, et je ne m'absentais
pas trois jours sans être malade
d'inquiétude sur le compte de
Maurice. Le mot de sœur Hélène
au couvent et un mot d'Aimée à

Cauterets m'avaient mis martel en tête, au point que je me faisais et me fis longtemps de l'amour maternel un véritable supplice. Je me laissais surprendre par des terreurs imbéciles et de prétendus pressentiments. Je me souviens qu'un soir, ayant dîné chez des amis à la Châtre, il me passa par l'imagination que Nohant brûlait et que je voyais Maurice au milieu des flammes. J'avais honte de ma sottise et ne disais rien. Mais je demande mon cheval, je pars à la hâte, et j'arrive au triple galop, si convaincue de mon rêve, qu'en voyant la maison debout et tranquille, je ne pouvais en croire mes yeux.

Je revins donc de Bordeaux par
terre, afin d'arriver plus vite. A
cette époque, les routes manquaient
ou étaient mal servies. Nous arri-
vâmes à Castel-Jaloux à minuit, et,
au sortir d'une affreuse patache, je
fus fort aise de trouver mon domestique qui avait amené nos chevaux à notre rencontre. Il ne nous
restait que quatre lieues à faire,
mais des lieues de pays sur un chemin détestable, par une nuit noire
et à travers une forêt de pins immense, absolument inhabitée, un
véritable coupe-gorge où rôdaient
des bandes d'Espagnols, désagréables
à rencontrer même en plein jour.
Nous n'aperçûmes pourtant pas d'autres êtres vivants que des loups.

Comme nous allions forcément au pas dans les ténèbres, ces messieurs nous suivaient tranquillement. Mon mari s'en aperçut à l'inquiétude de son cheval, et il me dit de passer devant et de bien tenir Colette pour qu'elle ne s'effrayât pas. Je vis alors briller deux yeux à ma droite, puis je les vis passer à gauche. « Combien y en a-t-il? demandai-je. — Je crois qu'il n'y en a que deux, me répondit mon mari; mais il en peut venir d'autres; ne vous endormez pas. C'est tout ce qu'il y a à faire. »

J'étais si lasse, que l'avertissement n'était pas de trop. Je me tins en garde, et nous gagnâmes la mai-

son, à quatre heures du matin, sans
accident.

On était très-habitué alors à ces
rencontres dans les forêts de pins
et de liéges. Il ne se passait pas de
jour que l'on n'entendît les bergers crier pour s'avertir, d'un taillis
à l'autre, de la présence de l'ennemi. Ces bergers, moins poétiques
que ceux des Pyrénées, avaient cependant assez de caractère, avec
leurs manteaux tailladés et leurs
fusils en guise de houlette. Leurs
maigres chiens noirs étaient moins
imposants, mais aussi hardis que
ceux de la montagne.

Pendant quelque temps il y eut

bonne défense aussi à Guillery. Pigon était un métis plaine et montagne, non-seulement courageux,
mais héroïque à l'endroit des loups.
Il s'en allait, la nuit, tout seul, les
provoquer dans les bois, et il revenait, le matin, avec des lambeaux de
leur chair et de leur peau attachés
à son redoutable collier hérissé de
pointes de fer. Mais un soir, hélas!
on oublia de lui remettre son ar-
mure de guerre; l'intrépide animal
partit pour sa chasse nocturne et
ne revint pas.

L'hiver fut un peu plus rude que
de coutume en ce pays. La Garonne déborda et, par contre, ses af-
fluents. Nous fûmes bloqués pendant

quelques jours; les loups affamés
devinrent très-hardis : ils mangèrent
tous nos jeunes chiens. La maison
était bâtie en pleine campagne, sans
cour ni clôture d'aucune sorte. Ces
bêtes sauvages venaient donc hurler
sous nos fenêtres, et il y en eut
une qui s'amusa, pendant une nuit,
à ronger la porte de notre appartement, situé au niveau du sol. Je
l'entendais fort bien. Je lisais dans
une chambre, mon mari dormait
dans l'autre. J'ouvris la porte vitrée
et appelai Pigon, pensant que c'était
lui qui revenait et voulait entrer.
J'allais ouvrir le volet quand mon
mari s'éveilla et me cria : « Eh non,
non, c'est le loup!»Telle est la tran-
quillité de l'habitude, que mon mari

se rendormit sur l'autre oreille et
que je repris mon livre, tandis que
le loup continuait à manger la
porte. Il ne put l'entamer beaucoup, elle était solide; mais il la
mâchura de manière à y laisser ses
traces. Je ne crois pas qu'il eût de
mauvais desseins. Peut-être était-ce
un jeune sujet qui voulait faire ses
dents sur le premier objet venu,
à la manière des jeunes chiens.

Un jour que, vers le coucher
du soleil, mon beau-père allait
voir un de ses amis à une demi-
lieue de la maison, il rencontra
à mi-chemin un loup, puis deux,
puis trois, et en un instant il
en compta quatorze. Il n'y fit pas

grande attention : les loups n'atta-
quent guère, ils suivent : ils atten-
dent que le cheval s'effraie, qu'il
renverse son cavalier, ou qu'il bron-
che et tombe avec lui. Alors il
faut se relever vite; autrement ils
vous étranglent. Mon beau-père,
ayant un cheval habitué à ces rencontres, continua assez tranquillement sa route; mais lorsqu'il s'arrêta à la grille de son voisin pour
sonner, un de ses quatorze acolytes
sauta au flanc de son cheval et
mordit le bord de son manteau. Il
n'avait pour défense qu'une craya-
che, dont il s'escrima sans effrayer
l'ennemi; alors il imagina de sauter
à terre et de secouer violemment
son manteau au nez des assaillants,

qui s'enfuirent à toutes jambes. Cependant il avouait avoir trouvé la
grille bien lente à s'ouvrir et l'avoir
vue enfin ouverte avec une grande
satisfaction.

Cette aventure du vieux colonel
était déjà ancienne. A l'époque de
mon récit, il était si goutteux qu'il
fallait deux hommes pour le mettre
sur son cheval et l'en faire descendre. Pourtant, lorsqu'il était sur son
petit bidet brun miroité, à crinière
blonde, malgré sa grosse houppe-
lande, ses longues guêtres en drap
olive et ses cheveux blancs flottant
au vent, il avait encore une tour-
nure martiale et maniait tout dou-

cement sa monture mieux qu'aucun
de nous.

J'ai parlé des bandes d'Espagnols
qui couraient le pays. C'étaient des
Catalans principalement, habitants
nomades du revers des Pyrénées.
Les uns venaient chercher de l'ouvrage comme journaliers et inspi-
raient assez de confiance malgré
leur mauvaise mine; les autres arrivaient par groupes avec des troupeaux de chèvres qu'ils faisaient
pâturer dans les vastes espaces incultes des landes environnantes;
mais ils s'aventuraient souvent sur
la lisière des bois, où leurs bêtes
étaient fort nuisibles. Les pourpar-
lers étaient désagréables. Ils se re-

tiraient sans rien dire, prenaient
leur distance, et, maniant la fronde
ou lançant le bâton avec une grande
adresse, ils vous donnaient avis de
ne pas trop les déranger à l'avenir. On les craignait beaucoup, et
j'ignore si on est parvenu à se dé-
barrasser de leur parcours. Mais je
sais que cet abus persistait encore
il y a quelques années, et que des
propriétaires avaient été blessés et
même tués dans ces combats.

C'était pourtant la même race
d'hommes que ces montagnards
austères dont j'avais envié aux Pyrénées le poétique destin. Ils étaient
fort dévots, et qui sait s'ils ne
croyaient pas consacrer comme un

4.

droit religieux l'occupation de nos
landes par leurs troupeaux ? Peut-
être regardaient-ils cette terre immense et quasi déserte comme un
pays vierge que Dieu leur avait
livré, et qu'ils devaient défendre en
son nom contre les envahissements
de la propriété individuelle.

C'était donc un pays de loups et
de brigands que Guillery, et pourtant nous y étions tranquilles et
joyeux. On s'y voyait beaucoup. Les
grands et petits propriétaires d'a-
lentour n'ayant absolument rien à
faire, et cultivant, en outre, le
goût de ne rien faire, leur vie se
passait en promenades, en chasses,

en réunions et en repas les uns
chez les autres.

Le liége est un produit magni-
fiquement lucratif de ces contrées.
C'est le seul coin de la France où
il pousse abondamment; et, comme
il reste fort supérieur en qualité à
celui de l'Espagne, il se vend fort
cher. J'étais étonnée quand mon
beau-père, me montrant un petit
tas d'écorces d'arbres empilées sous
un petit hangar, me disait : « Voici
la récolte de l'année, quatre cents
francs de dépense et vingt-cinq
mille francs de profit net. »

Le chêne-liége est un gros vilain arbre en été. Son feuillage est

rude et terne; son ombre épaisse étouffe toute végétation autour de lui, et le soin qu'on prend de lui enlever son écorce, qui est le liége même, jusqu'à la naissance des maitresses branches, le laisse dépouillé et difforme. Les plus frais de ces écorchés sont d'un rouge sanglant, tandis que d'autres, brunis déjà par un commencement de nouvelle peau, sont d'un noir brûlé ou enfumé, comme si un incendie avait passé et pris ces géants jusqu'à la ceinture. Mais, l'hiver, cette verdure éternelle a son prix. La seule chose dont j'eusse vraiment peur dans ces bois, c'était des troupeaux innombrables de cochons tachetés de noir, qui erraient, en criant d'un ton aigre et sauvage, à la dispute de la glandée.

Le *surier* ou chêne-liége n'exige aucun soin. On ne le taille ni ne le dirige. Il se fait sa place, et vit enchanté d'un sable aride en apparence. A vingt ou trente ans, il commence à être bon à écorcher. A mesure qu'il prend de l'âge, sa peau devient meilleure et se renouvelle plus vite, car dès lors tous les dix ans on procède à sa toilette en lui faisant deux grandes incisions verticales en temps utile. Puis, quand il a pris soin lui-même d'aider, par un travail naturel préalable, au travail de l'ouvrier, celui-ci lui glisse un petit outil *ad hoc*

entre cuir et chair, et s'empare ai-
sément du liége, qui vient en deux
grands morceaux proprement coupés. Je ne sais pourquoi cette opé-
ration me répugnait comme une
chose cruelle. Pourtant ces arbres
étranges ne paraissaient pas en souffrir le moins du monde et gran-
dissaient deux fois centenaires sous
le régime de cette décortication pé-
riodique [1].

---

[1] Le grand débit du liége ne consiste pas dans
les bouchons, auxquels on ne sacrifie que les ro-
gnures et le rebut : il s'expédie en planches d'é-
corce que l'on décourbe et aplatit, et dont on
tapisse tous les appartements riches en Russie,
entre la muraille et la tenture. C'est donc une
denrée d'une cherté excessive, puisqu'elle croît
sur un rayon de peu d'étendue.

Les *pignades* (bois de pins) de fu-
taie n'étaient guère plus gaies que les
surettes (bois de liéges). Ces troncs lisses
et tous semblables, comme des colon-
nes élancées, surmontés d'une grosse
tête ronde d'une fraîcheur mono-
tone, cette ombre impénétrable, ces
blessures d'où pleurait la résine,
c'était à donner le spleen quand on
avait à faire une longue route sans
autre distraction que ce que mon
beau-père appelait *compter les oran-
gers lanusquets*. Mais, en revanche,
les jeunes bois, coupés de petits
chemins de sable bien sinueux et
ondulés, les petits ruisseaux babil-
lant sous les grandes fougères, les
folles clairières tourbeuses qui s'ou-
vraient sur la lande immense, in-

finie, rase et bleue comme la mer;
les vieux manoirs pittoresques, géants
d'un autre âge, qui semblaient grandir de toute la petitesse, particulière
à ce pays, des modernes construc-
tions environnantes; enfin, la chaîne
des Pyrénées, qui, malgré la distance
de trente lieues à vol d'oiseau, tout
à coup, en de certaines dispositions
de l'atmosphère, se dressait à l'ho-
rizon comme une muraille d'argent
rosé, dentelée de rubis; c'était, en
somme, une nature intéressante sous
un climat délicieux.

A une demi-lieue nous allions
voir, chaque semaine, la marquise
de Lusignan, belle et aimable châtelaine du très-romantique et im-

posant manoir de Xaintrailles. Lahire
était un peu plus loin. A Buzet,
dans les splendides plaines de la
Garonne, la famille de Beaumont
nous attirait par des réunions nombreuses et des charades en action
dans un château magnifique. De Lo-
gareil, à deux pas de chez nous, à
travers bois, le bon Auguste Ber-
thet venait chaque jour. D'ailleurs,
venaient Grammont, Trinqueléon et
le bon petit médecin Larnaude. De
Nérac venaient Lespinasse, d'Ast et
tant d'autres que je me rappelle
avec affection, tous gens aimables,
pleins de bienveillance et de sympathie pour moi, hommes et femmes; bons enfants, actifs et jeunes,
même les vieux, vivant en bonne

intelligence, sans distinction de caste
et sans querelles d'opinion. Je n'ai
gardé de ce pays-là que des souvenirs doux et charmants.

J'espérais voir à Nérac ma chère
Fannelly, devenue madame le Franc
de Pompignan. Elle était à Toulouse
ou à Paris, je ne sais plus. Je ne
trouvai que sa sœur Aména, une
charmante femme aussi, avec qui
j'eus le plaisir de parler du couvent.

Nous allâmes achever l'hiver à
Bordeaux, où nous retrouvâmes l'a-
gréable société des eaux de Cauterets, et où je fis connaissance avec
les oncles, tantes, cousins et cou-
sines de mon mari, tous gens très-

honorables et qui me témoignèrent de l'amitié.

Je voyais tous les jours ma chère Zoé, ses sœurs et ses frères. Un jour que j'étais chez elle sans Maurice, mon mari entra brusquement, très-pâle, en me disant : « *Il est mort !* » Je crus que c'était Maurice ; je tombai sur mes genoux. Zoé, qui comprit et entendit ce qu'ajoutait mon mari, me cria vite : « *Non, non, votre beau-père!* » Les entrailles maternelles sont féroces : j'eus un violent mouvement de joie ; mais ce fut un éclair. J'aimais véritablement mon vieux papa, et je fondis en larmes.

Nous partîmes le jour même pour

Guillery, et nous passâmes une
quinzaine auprès de madame Dudevant. Nous la trouvâmes dans la
chambre même où, en deux jours,
son mari était mort d'une attaque
de goutte dans l'estomac. Elle n'é-
tait pas encore sortie de cette chambre qu'elle avait habitée une ving-
taine d'années avec lui, et où les
deux lits restaient côte à côte. Je
trouvai cela touchant et respectable.
C'était de la douleur comme je la
comprenais, sans effroi ni dégoût
de la mort d'un être bien-aimé.
J'embrassai madame Dudevant avec
une véritable effusion, et je pleurai
tant tout le jour auprès d'elle, que
je ne songeai pas à m'étonner de
ses yeux secs et de son air tran-

quille. Je pensais d'ailleurs que l'excès de la douleur retenait les larmes et qu'elle devait affreusement
souffrir de n'en pouvoir répandre;
mais mon imagination faisait tous
les frais de cette sensibilité refou-
lée. Madame Dudevant était une
personne glacée autant que glaciale.
Elle avait certainement aimé son
excellent compagnon, et elle le re-
grettait autant qu'il lui était possible; mais elle était de la nature
des liéges, elle avait une écorce
très-épaisse qui la garantissait du
contact des choses extérieures; seulement cette écorce tenait bien et
ne tombait jamais.

Ce n'est pas qu'elle ne fût aima-

ble : elle était gracieuse à la surface,
un grand savoir-vivre lui tenant lieu
de grâce véritable. Mais elle n'aimait
réellement personne et ne s'intéres-
sait à rien qu'à elle-même. Elle avait
une jolie figure douce sur un corps
plat, osseux, carré et large d'épaules.
Cette figure donnait confiance, mais
la face seule ne traduit pas l'organisation entière. En regardant ses
mains sèches et dures, ses doigts
noueux et ses grands pieds, on sentait une nature sans charme, sans
nuances, sans élans ni retours de
tendresse. Elle était maladive, et en-
tretenait la maladie par un régime
de petits soins dont le résultat était
l'étiolement. Elle était vêtue en hiver de quatorze jupons qui ne réus-

sissaient pas à arrondir sa personne.
Elle prenait mille petites drogues,
faisait à peine quelques pas autour
de sa maison, quand elle rencontrait, un jour par mois, le temps
désirable. Elle parlait peu et d'une
voix si mourante qu'on se penchait
vers elle avec le respect instinctif
qu'inspire la faiblesse. Mais dans son
sourire banal il y avait quelque
chose d'amer et de perfide, dont
par moments j'étais frappée et que
je ne m'expliquais pas. Ses compli-
ments cachaient les petites aiguilles
fines d'une intention épigrammati-
que. Si elle eût eu de l'esprit, elle
eût été méchante.

Je ne crois pourtant pas qu'elle

fût foncièrement mauvaise. Privée
de santé et de courage, elle était
aigrie intérieurement, et, à force
de se tenir sur la défensive contre
le froid et le chaud et de se
défier de tous les agents extérieurs
qui pouvaient apporter dans son
état physique une perturbation
quelconque, elle en était venue
à étendre ces précautions et cette
abstention aux choses morales, aux
affections et aux idées. Elle n'en
était que plus tendue et plus nerveuse, et, quand elle était surprise
par la colère, on pouvait s'émer-
veiller de voir ce corps brisé retrouver une vigueur fébrile, et
d'entendre cette voix languissante
et cette parole doucereuse prendre

un accent très-âpre et trouver des expressions très-énergiques.

Elle était, je crois, tout à fait impropre à gouverner ses affaires, et quand elle se vit à la tête de sa maison et de sa fortune, il se fit en elle une crise d'effroi et d'inquiétude égoïste qui la conduisit spontanément à l'avarice, à l'ingratitude et à une sorte de fausseté. Ennuyée de sa froide oisiveté, elle attira tour à tour auprès d'elle des amis, des parents, ceux de son mari et les siens. Elle exploita leurs dévouements successifs, ne put vivre avec aucun d'eux et s'amusa à les tromper tous en morcelant sa fortune entre plusieurs

5.

héritiers qu'elle connaissait à peine,
et en frustrant d'une récompense
méritée jusqu'à de vieux serviteurs
qui lui avaient consacré trente ans
de soins et de fidélité.

Elle était riche par elle-même,
et n'ayant pas d'enfants, même
adoptifs, il semble qu'elle eût dû
abandonner à son beau-fils au
moins une partie de l'héritage pa-
ternel. Il n'en fut rien. Elle s'é-
tait assuré de longue main, par
testament, la jouissance de cette
petite fortune, et même elle avait
tenté d'en saisir la possession par
la rédaction d'une clause qui se
trouva, heureusement pour l'avenir

de mon mari, contraire aux droits
que la loi lui assurait.

Mon mari, connaissant d'avance
les dispositions testamentaires de
son père, ne fut pas surpris de
ne voir aucun changement dans sa
situation. Il resta très-soumis, et
aussi tendre qu'il lui fut possible
auprès de sa belle-mère, espérant
qu'elle lui ferait plus tard la part
meilleure; mais ce fut en pure
perte. Elle ne l'aima jamais, le
chassa de son lit de mort et ne
lui laissa que ce qu'elle n'avait pu
lui ôter.

Cette pauvre femme m'a fait, à
moi, sous d'autres rapports, tout le

mal qu'elle a pu; mais je l'ai toujours plainte. Je ne connais pas
d'existence qui mérite plus de pitié
que celle d'une personne riche sans
postérité, qui se sent entourée d'é-
gards qu'elle peut croire intéressés,
et qui voit dans tous ceux qui l'ap-
prochent des aspirants à ses lar-
gesses. Être égoïste par instinct avec
cela, c'est trop, car c'est le complément d'une destinée stérile et amère.

Nous retournâmes à Bordeaux,
puis encore à Guillery au mois de
mai, et cette fois le pays ne me
parut pas agréable. Ce sable fin devient si léger quand il est sec, que
le moindre pas le soulève en nuages ardents qu'on avale quoi qu'on

fasse. Nous passâmes l'été à Nohant,
et, de cette époque jusqu'à 1831, je
ne fis plus que de très-courtes ab-
sences.

Ce fut donc une sorte d'établissement que je regardai comme dé-
finitif et qui décida de mon avenir
conjugal. C'était, en apparence, le
parti le plus sage à prendre que
de vivre chez soi modestement et
dans un milieu restreint, toujours le
même. Pourtant il eût mieux valu
poursuivre une vie nomade et des
relations nombreuses. Nohant est une
retraite austère par elle-même, élé-
gante et riante d'aspect par rapport à Guillery, mais, en réalité,
plus solitaire, et pour ainsi dire

imprégnée de mélancolie. Qu'on s'y
rassemble, qu'on la remplisse de
rires et de bruit, le fond de l'âme
n'en reste pas moins sérieux et
même frappé d'une espèce de langueur qui tient au climat et au
caractère des hommes et des choses
environnantes. Le Berrichon est
lourd. Quand, par exception, il a
la tête vive et le sang chaud, il
s'expatrie, irrité de ne pouvoir rien
agiter autour de lui; ou, s'il est
condamné à rester chez nous, il se
jette dans le vin et la débauche,
mais tristement, à la manière des
Anglais, dont le sang a été mêlé
plus qu'on ne croit à sa race.
Quand un Gascon est gris, un Berrichon est déjà ivre, et quand l'au-

tre est un peu ivre, limite qu'il ne dépassera guère, le Berrichon est complétement *soûl* et ira s'abêtissant jusqu'à ce qu'il tombe. Il faut bien dire ce vilain mot, le seul qui peigne l'effet de la boisson sur les gens d'ici. La mauvaise qualité du vin y est pour beaucoup; mais, dans l'intempérance avec laquelle on en use, il faut bien voir une fatalité de ce tempérament mélancolique et flegmatique, qui ne supporte pas l'excitation, et qui s'efforce de l'éteindre dans l'abrutissement.

En dehors des ivrognes, qui sont nombreux, et dont le désordre réduit les familles à la misère ou au

désespoir, la population est bonne
et sage, mais froide et rarement
aimable. On se voit peu. L'agricul-
ture est peu avancée, pénible, pa-
tiente et absorbante pour le propriétaire. Le vivre est cher, relativement au Midi. L'hospitalité se
fait donc rare, pour garder, à
l'occasion, l'apparence du faste; et,
par-dessus tout, il y a une paresse, un effroi de la locomotion
qui tiennent à la longueur des hi-
vers, à la difficulté des transports
et encore plus à la torpeur des
esprits.

Il y a vingt-cinq ans, cette manière d'être était encore plus tran-
chée; les routes étaient plus rares

et les hommes plus casaniers. Ce
beau pays, quoique assez habité et
bien cultivé, était complétement
morne, et mon mari était comme
surpris et effrayé du silence solen-
nel qui plane sur nos champs dès
que le soleil emporte avec lui les
bruits déjà rares et contenus du
travail. Là, point de loups qui
hurlent, mais aussi plus de chants
et de rires; plus de cris de bergers et de clameurs de chasse.
Tout est paisible, mais tout est
muet. Tout repose, mais tout
semble mort.

J'ai toujours aimé ce pays, cette
nature et ce silence. Je n'en chéris pas seulement le charme, j'en

subis le poids, et il m'en coûte
de le secouer, quand même j'en
vois le danger. Mais mon mari
n'était pas né pour l'étude et la
méditation. Quoique Gascon, il n'é-
tait pas non plus naturellement
enjoué. Sa mère était Espagnole,
son père descendait de l'Écossais
Law. La réflexion ne l'attristait
pas, comme moi. Elle l'irritait.
Il se fût soutenu dans le Midi,
le Berry l'accabla. Il le détesta
longtemps; mais quand il en eut
goûté les distractions et contracté
les habitudes, il s'y cramponna
comme à une seconde patrie.

Je compris bientôt que je devais
m'efforcer d'étendre mes relations,

que la vieillesse et la maladie de
ma grand'mère avaient beauconp
restreintes et que mes années d'absence avaient encore refroidies. Je
retrouvai mes compagnons d'enfance, qui, en général, ne plurent
pas à M. Dudevant. Il se fit d'autres amis. J'acceptai franchement
ceux qui me furent sympathiques
sur quelque point, et j'attirai de
plus loin ceux qui devaient convenir à lui comme à moi.

Le bon James et son excellente
femme, ma chère mère Angèle,
vinrent passer deux ou trois mois
avec nous. Puis leur sœur, madame Saint-Aignan, avec ses filles.
L'aînée, Félicie, était un ange.

Les Malus vinrent aussi. Le plus
jeune, Adolphe, un cœur d'or,
ayant été malade chez nous, nous
lui fîmes la conduite jusqu'à Blois,
avec mon frère, et nous vîmes le
vieux château, alors converti en
caserne et en poudrière, et aban-
donné aux dégradations des sol-
dats, dont le bruit et le mouvement n'empêchaient pas certains
corps de logis d'être occupés par
des myriades d'oiseaux de proie.
Dans le bâtiment de Gaston d'Or-
léans, le guano des hiboux et des
chouettes était si épais qu'il était
impossible d'y pénétrer.

Je n'avais jamais vu une aussi
belle chose de la renaissance que

ce vaste monument, tout aban-
donné et dévasté qu'il était. Je
l'ai revu restauré, lambrissé, admirablement rajeuni et pour ainsi
dire retrouvé sous les outrages du
temps et de l'incurie : mais ce
que je n'ai pas retrouvé, moi,
c'est l'impression étrange et profonde que je subis la première
fois, lorsqu'au lever du soleil je
cueillis des violiers jaunes dans les
crevasses des pierres fatidiques de
l'observatoire de Catherine de Mé-
dicis.

En 1827, nous passâmes une
quinzaine aux eaux du Mont-d'Or.
J'avais fait une chute, et je souffris
longtemps d'une entorse. Maurice

vint avec nous. Il se faisait gamin
et commençait à regarder la nature avec ses grands yeux atten-
tifs, tout au beau milieu de son
vacarme.

L'Auvergne me sembla un pays
adorable. Moins vaste et moins sublime que les Pyrénées, il en avait
la fraîcheur, les belles eaux et les
recoins charmants. Les bois de
sapins sont même plus agréables
que les épicéas des grandes mon-
tagnes. Les cascades, moins ter-
ribles, ont de plus douces harmo-
nies, et le sol, moins tourmenté
par les orages et les éboulements,
se couvre partout de fleurs luxuriantes.

Ursule était venue vivre chez moi
en qualité de femme de charge.
Cela ne put durer. Il y eut in-
compatibilité d'humeur entre elle
et mon mari. Elle m'en voulut
un peu de ne pas m'être pro-
noncée pour elle. Elle me quitta
presque fâchée, et puis, tout aussitôt, elle comprit que je n'avais
pas dû agir autrement et me rendit son amitié, qui ne s'est jamais
démentie depuis. Elle se maria à
la Châtre avec un excellent
homme qui l'a rendue heureuse,
et elle est maintenant le seul être
avec qui je puisse, sans lacune
notable, repasser toute ma vie,
depuis la première enfance jusqu'au demi-siècle accompli.

Les élections de 1827 signalèrent
un mouvement d'opposition très-
marqué et très-général en France.
La haine du ministère Villèle pro-
duisit une fusion définitive entre
les libéraux et les bonapartistes,
qu'ils fussent noblesse ou bourgeoisie. Le peuple resta étranger
au débat dans notre province. Les
fonctionnaires seuls luttaient pour le
ministère; pas tous, cependant.
Mon cousin Auguste de Villeneuve
vint du Blanc voter à la Châtre,
et quoique fonctionnaire éminent
(il était toujours trésorier de la
ville de Paris), il se trouva d'ac-
cord avec mon mari et ses amis
pour nommer M. Duris-Dufresne.
Il passa quelques jours chez nous

et me témoigna, ainsi qu'à Maurice, qu'il appelait son grand-oncle, beaucoup d'affection. J'oubliai qu'il m'avait fort blessée autrefois, en voyant qu'il ne s'en doutait pas et me traitait paternellement.

M. Duris-Dufresne, beau-frère du général Bertrand, était un républicain de vieille roche. C'était un homme d'une droiture antique, d'une grande simplicité de cœur, d'un esprit aimable et bienveillant. J'aimais ce type d'un autre temps, encore empreint de l'élégance du Directoire, avec des idées et des mœurs plus laconiennes. Sa petite perruque rase et ses boucles d'o-

reilles donnaient de l'originalité à
sa physionomie vive et fine. Ses
manières avaient une distinction
extrême. C'était un *jacobin* fort
sociable.

Mon mari, s'occupant beaucoup
d'opposition à cette époque, était
presque toujours à la ville. Il dé-
sira s'y créer un centre de réunions et y louer une maison où
nous donnâmes des bals et des soirées qui continuèrent même après
la nomination de M. Duris-Dufresne.

Mais nos réceptions donnèrent
lieu à un scandale fort comique.

Il y avait alors, et il y a encore
un peu à la Châtre, deux ou trois
sociétés, qui, de mémoire d'homme,
ne s'étaient mêlées à la danse. Les
distinctions entre la première, la
seconde et la troisième étaient fort
arbitraires, et la délimitation insaisissable pour qui n'avait pas
étudié à fond la matière.

Bien qu'en *guerre* d'opinions avec
la sous-préfecture, j'étais fort liée
avec M. et madame de Périgny,
couple aimable et jeune, avec qui
j'avais les meilleures relations de
voisinage. Eux aussi voulurent ouvrir leur salon; leur position leur
en faisait une sorte de devoir, et
nous convînmes de simplifier le

détail des invitations en nous ser-
vant de la même liste.

Je leur communiquai la mienne,
qui était fort générale, et où
naturellement j'avais inscrit toutes
les personnes que je connaissais
tant soit peu. Mais, ô abomination,
il se trouva que plusieurs des familles que j'aimais et estimais à
plus juste titre étaient réléguées
au second et au troisième rang
dans les us et coutumes de l'a-
ristocratie bourgeoise de la Châtre.
Aussi, quand ces hauts personnages
se virent en présence de leurs *in-
férieurs*, il y eut colère, indigna-
tion, malédiction sur l'arrogant
sous-préfet, qui n'avait agi ainsi,

disait-on, que pour marquer son
mépris à tous les gens du pays,
en les mettant *comme des œufs
dans le même panier.*

La semaine suivante
Le punch est préparé ;
La maîtresse est brillante,
Le salon est ciré.
Il vint trois invités, de chétive encolure :
Dans la ville on disait : Bravo !
On donne un bal incognito
A la sous-préfecture.

Ce couplet d'une chanson que
je fis le soir même avec Duteil
contient en peu de mots le récit véridique de l'immense événement. En la relisant, je vois que,
sans être bien drôle, cette chanson
est affaire de mœurs locales et

qu'elle mérite de rester dans les
archives de la tradition... à la
Châtre ! Elle est intitulée *Soirée
administrative*, ou *le Sous-préfet philosophe*. Voici les deux premiers
couplets, qui résument l'affaire.
C'est sur l'air des *Bourgeois de
Chartres* :

Habitants de la Châtre,
Nobles, bourgeois, vilains,
D'un petit gentillâtre
Apprenez les dédains :
Ce jeune homme, égaré par la philosophie,
Oubliant, dans sa déraison,
Les usages et le bon ton,
Vexe la bourgeoisie.

Voyant que dans la ville
Plus d'un original
Tranche de l'homme habile
Et se dit libéral,

A nos tendres moitiés qui frondent la noblesse
  Il crut plaire en donnant un bal,
  Où chacun put d'un pas égal
    Aller comme à la messe.

On a vu le dénoûment. La chanson faillit le pousser jusqu'au tragique. Elle avait été faite au coin du feu de Périgny, et devait rester entre nous; mais Duteil ne put se tenir de la chanter. On la retint, on la copia; elle passa dans toutes les mains et souleva des tempêtes. Au moment où je l'avais complétement oubliée, je vis des yeux féroces et j'entendis des cris de rage autour de moi. Cela eut le bon résultat de détourner la foudre de la tête de mes amis Périgny et de l'attirer sur la mienne. Les plus

gros bonnets de l'endroit firent serment de ne point m'honorer de
leur présence; Périgny, piqué de
tant de sottise, ferma son salon.
Je laissai le mien ouvert et aug-
mentai mes invitations à la seconde
société. C'était la meilleure leçon
à donner à la première, car, n'é-
tant pas fonctionnaire, j'avais le
droit de me passer d'elle. Mais sa
rancune ne tint pas contre deux
ou trois soupers. D'ailleurs, dans
cette *première*, j'avais d'excellents
amis qui se moquaient de la con-
spiration et qui trahissaient ouvertement *la bonne cause*. Mon salon
fut donc si rempli qu'on s'y étouf-
fait, et la confusion y fut telle que
les dames de la première et de la

seconde race se laissèrent entraîner
à se toucher le bout des doigts
pour faire la figure de contredanse
qu'on appelle le *moulinet*. Quelques
orthodoxes dirent que c'était une
cohue. Je m'amusai à les remercier
très-humblement de l'honneur qu'ils
me faisaient de venir chez moi,
bien que je fusse de la troisième
société. On cria anathème, mais on
n'en mangea pas moins les pâtés,
et on en fêta pas moins le champagne de l'insurrection. Ce fut le
signal d'une grande décadence dans
les constitutions hiérarchiques de
cette petite oligarchie.

Au mois de septembre 1828, ma
fille Solange vint au monde à

Nohant. Le médecin arriva quand
je dormais déjà et que la pouponne
était habillée et parée de ses ru-
bans roses. J'avais beaucoup désiré
avoir une fille, et cependant je n'é-
prouvai pas la joie que Maurice
m'avait donnée. Je craignais que
ma fille ne vécût pas, parce que
j'étais accouchée avant terme, à la
suite d'une frayeur. Ma petite nièce
Léontine, ayant fait un mauvais
rêve la veille au soir, s'était mise
à jeter des cris si aigus dans l'escalier, où elle s'était élancée pour
appeler sa mère, que je m'imaginai
qu'elle avait roulé les marches et
qu'elle était brisée. Je commençai
aussitôt à sentir des douleurs, et en
m'éveillant le lendemain, je n'eus

que le temps de préparer les petits bonnets et les petites brassières, qu'heureusement j'avais terminés.

Je me souviens de l'étonnement d'un de nos amis de Bordeaux qui était venu nous voir, quand il me trouva, de grand matin, seule au salon, dépliant et arrangeant la layette, qui était encore en partie dans ma boîte à ouvrage. « Que faites-vous donc là ? me dit-il. — Ma foi, vous le voyez, lui répondis-je, je me dépêche pour quelqu'un qui arrive plus tôt que je ne pensais. »

Mon frère, qui avait vu ma frayeur de la veille à propos de sa fille, et qui m'aimait véritable-

ment quand il avait sa tête, courut
ventre à terre pour amener le médecin. Tout était fini quand il revint, et il eut une si grande joie
de voir l'enfant vivant qu'il était
comme fou. Il vint m'embrasser et
me rassurer en me disant que ma
fille était belle, forte, et qu'elle
vivrait. Mais je ne me tranquillisai
intérieurement qu'au bout de quelques jours, en la voyant venir à
merveille.

Au retour de ce temps de galop,
mon frère était affamé. On se mit
à table, et deux heures après il
rentra chez moi tellement ivre que,
croyant s'asseoir sur le pied de
mon lit, il tomba sur son derrière

au milieu de la chambre. J'avais encore les nerfs très-excités; j'eus un tel fou rire qu'il s'en aperçut et fit de grands efforts pour retrouver ses idées. « Eh bien, je suis gris, me dit-il, voilà tout. Que veux-tu? j'ai été très-ému, très-inquiet, ce matin; ensuite j'ai été très-content, très-heureux, et c'est la joie qui m'a grisé; ce n'est pas le vin, je te jure, c'est l'amitié que j'ai pour toi qui m'empêche de me tenir sur mes jambes. » Il fallait bien pardonner en vue d'un si beau raisonnement.

Je passai l'hiver suivant à Nohant. Au printemps de 1829, j'allai à Bordeaux avec mon mari et mes

deux enfants. Solange était sevrée et
elle était devenue la plus robuste
des deux.

A l'automne, j'allai passer à Pé-
rigueux quelques jours auprès de
Félicie Mollier, une de mes amies
du Berry. Je poussai jusqu'à Bordeaux pour embrasser Zoé. Le froid
me prit en route, et j'en souffris
beaucoup au retour.

Enfin, en 1830, je fis avec Maurice, au mois de mai, je crois, une
nouvelle course rapide de Nohant à
Paris. J'oublie ou je confonds les
époques de trois ou quatre autres
apparitions de quelques jours à Paris, avec ou sans mon mari. L'une

eut pour but une consultation sur
ma santé, qui s'était beaucoup alté-
rée. Broussais me dit que j'avais un
anévrisme au cœur; Landré-Beau-
vais, que j'étais phthisique; Rostan,
que je n'avais rien du tout.

Malgré ces courts déplacements
annuels, je peux dire que, de 1826
à 1831, j'avais constamment vécu à
Nohant. Jusque-là, malgré des en-
nuis et des chagrins sérieux, je m'y
étais trouvée dans les meilleures
conditions possibles pour ma santé
morale. A partir de ce moment-là,
l'équilibre entre les peines et les
satisfactions se trouva rompu. Je
sentis la nécessité de prendre un

parti. Je le pris sans hésiter, et mon
mari y donna les mains : j'allai
vivre à Paris avec ma fille, moyennant un arrangement qui me permettait de revenir tous les trois
mois passer trois mois à Nohant; et
jusqu'à l'époque où Maurice entra
au collége à Paris, je suivis très-
exactement le plan que je m'étais
tracé. Je le laissais entre les mains
d'un précepteur qui était avec nous
déjà depuis deux ans, et qui a toujours été, depuis ce temps-là, un de
mes amis les plus sûrs et les plus
parfaits. Ce n'était pas seulement un
instituteur pour mon fils, c'était un
compagnon, un frère aîné, presque
une mère. Pourtant il m'était impossible de me séparer de Maurice

pour longtemps et de ne pas veiller sur lui la moitié de l'année.

J'ai dû esquisser rapidement ces
jours de retraite et d'apparente inac-
tion. Ce n'est pas qu'ils ne soient
remplis pour moi de souvenirs ;
mais l'action de ma volonté y fut
tellement intérieure et ma personnalité s'y effaça si bien, que je n'aurais à raconter que l'histoire des
autres autour de moi ; et c'est un
droit que je ne crois avoir que
dans de certaines limites, surtout à
l'égard de certaines personnes.

Pour ne pas revenir en arrière
et pour résumer cependant le résultat de ces années écoulées sur

l'histoire de ma propre vie, je dirai
ce que j'étais lorsque, dans l'hiver
de 1831, je vins à Paris avec l'intention d'écrire.

CHAPITRE VINGT-CINQUIÈME.

J'avais énormément vécu dans ce peu d'années. Il me semblait même avoir vécu cent ans sous l'empire de la même idée, tant je me sentais lasse d'une gaieté sans expansion, d'un intérieur sans intimité, d'une solitude que le bruit et l'ivresse ren-

daient plus absolue autour de moi.
Je n'avais pourtant à me plaindre
sérieusement d'aucun mauvais pro-
cédé direct, et quand cela même
eût été, je n'aurais pas consenti à
m'en apercevoir. Le désordre de
mon pauvre frère et de ceux qui
se laissaient entraîner avec lui
n'en était pas venu à ce point
que je ne me sentisse plus leur
inspirer une sorte de crainte qui
n'était pas de la condescendance,
mais un respect instinctif. J'y avais
mis, de mon côté, toute la tolérance possible. Tant que l'on se
bornait à être radoteur, fatigant,
bruyant, malade même et fort dé-
goûtant, je tâchais de rire, et je
m'étais même habituée à supporter

un ton de plaisanterie qui dans le
principe m'avait révoltée. Mais quand
les nerfs se mettaient de la partie,
quand on devenait obscène et gros-
sier, quand mon pauvre frère lui-
même, si longtemps soumis et re-
pentant devant mes remontrances,
devenait brutal et méchant, je me
faisais sourde, et, dès que je le
pouvais, je rentrais, sans faire sem-
blant de rien, dans ma petite chambre.

Là, je savais bien m'occuper et
me distraire du vacarme extérieur,
qui durait souvent jusqu'à six ou
sept heures du matin. Je m'étais
habituée à travailler, la nuit, auprès de ma grand'mère malade;

maintenant j'avais d'autres malades,
non à soigner, mais à entendre di-
vaguer.

Mais la solitude morale était profonde, absolue : elle eût été mortelle à une âme tendre et à une
jeunesse encore dans sa fleur, si
elle ne se fût remplie d'un rêve
qui avait pris l'importance d'une
passion, non pas dans ma vie, puisque j'avais sacrifié ma vie au devoir, mais dans ma pensée. Un être
absent, avec lequel je m'entrete-
nais sans cesse, à qui je rappor-
tais toutes mes réflexions, toutes
mes rêveries, toutes mes humbles
vertus, tout mon platonique enthousiasme, un être excellent en réa-

lité, mais que je parais de toutes les perfections que ne comporte pas l'humaine nature, un homme enfin qui m'apparaissait quelques jours, quelques heures parfois, dans le courant d'une année, et qui, romanesque auprès de moi autant que moi-même, n'avait mis aucun effroi dans ma religion, aucun trouble dans ma conscience, ce fut là le soutien et la consolation de mon exil dans le monde de la réalité.

Ma religion, elle était restée la même, elle n'a jamais varié quant au fond. Les formes du passé se sont évanouies pour moi comme pour mon siècle à la lumière de

l'étude et de la réflexion : mais la
doctrine éternelle des croyants, le
Dieu bon, l'âme immortelle et les
espérances de l'autre vie, voilà ce
qui, en moi, a résisté à tout examen, à toute discussion et même à
des intervalles de doute désespéré.
Des cagots m'ont jugée autrement
et m'ont déclarée sans principes,
dès le commencement de ma car-
rière littéraire, parce que je me
suis permis de regarder en face des
institutions purement humaines dans
lesquelles il leur plaisait de faire
intervenir la Divinité. Des politiques
m'ont décrétée aussi d'athéisme à
l'endroit de leurs dogmes étroits ou
variables. Il n'y a pas de principes,
selon les intolérants ou les hypo-

crites de toutes les croyances, là où
il n'y a pas d'aveuglement ou de
poltronnerie. Qu'importe?

Je n'écris pas pour me défendre
de ceux qui ont un parti pris contre moi. J'écris pour ceux dont la
sympathie naturelle, fondée sur une
conformité d'instincts, m'ouvre le
cœur et m'assure la confiance. C'est
à ceux-là seulement que je peux
faire quelque bien. Le mal que les
autres peuvent me faire, à moi, je
ne m'en suis jamais beaucoup aper-
çue.

Il n'est pas indispensable, d'ailleurs, au salut de l'humanité que
j'aie trouvé ou perdu la vérité.

D'autres la retrouveront, quelque
égarée qu'elle soit dans le monde et
dans le siècle. Tout ce que je peux
et dois faire, moi, c'est de confesser
ma foi simplement, dût-elle paraî-
tre insuffisante aux uns, excessive
aux autres.

Entrer dans la discussion des formes religieuses est une question de
culte extérieur dont cet ouvrage-ci
n'est pas le cadre. Je n'ai donc pas
à dire pourquoi et comment je
m'en détachai jour par jour, comment j'essayai de les admettre encore pour satisfaire ma logique
naturelle, et comment je les aban-
donnai franchement et définitive-
ment, le jour où je crus reconnaître

que la logique même m'ordonnait
de m'en dégager. Là n'est pas le
point religieux important de ma vie.
Là je ne trouve ni angoisses ni
incertitudes dans mes souvenirs. La
vraie question religieuse, je l'avais
prise de plus haut dès mes jeunes
années. Dieu, son existence éternelle, sa perfection infinie n'étaient
guère révoqués en doute que dans
des heures de spleen maladif, et
l'exception de la vie intellectuelle
ne doit pas compter dans un
résumé de la vie entière de l'âme.
Ce qui m'absorbait, à Nohant
comme au couvent, c'était la recherche ardente ou mélancolique,
mais assidue, des rapports qui
peuvent, qui doivent exister entre

l'âme individuelle et cette âme
universelle que nous appelons Dieu.
Comme je n'appartenais au monde
ni de fait ni d'intention; comme
ma nature contemplative se déro-
bait absolument à ses influences;
comme, en un mot, je ne pouvais et ne voulais agir qu'en vertu
d'une loi supérieure à la coutume
et à l'opinion, il m'importait fort
de chercher en Dieu le mot de
l'énigme de ma vie, la notion de
mes vrais devoirs, la sanction de
mes sentiments les plus intimes.

Pour ceux qui ne voient dans
la Divinité qu'une loi fatale, aveu-
gle et sourde aux larmes et aux
prières de la créature intelligente,

ce perpétuel entretien de l'esprit
avec un problème insoluble rentre
probablement dans ce qu'on a ap-
pelé le mysticisme. Mystique ? soit !
Il n'y a pas une très-grande va-
riété de types intellectuels dans l'espèce humaine, et j'appartenais ap-
paremment à ce type-là. Il ne
dépendait pas de moi de me conduire
par la lumière de la raison pure,
par les calculs de l'intérêt personnel, par la force de mon jugement ou par la soumission à celui
des autres. Il me fallait trouver,
non pas en dehors, mais au-dessus
des conceptions passagères de l'humanité, au-dessus de moi-même, un
idéal de force, de vérité, un type
de perfection immuable à embras-

ser, à contempler, à consulter et
à implorer sans cesse. Longtemps
je fus gênée par les habitudes de
prière que j'avais contractées, non
quant à la lettre, on a vu que
je n'avais jamais pu m'y astreindre,
mais quant à l'esprit. Quand l'idée
de Dieu se fut agrandie en même
temps que mon âme s'était com-
plétée, quand je crus comprendre
ce que j'avais à dire à Dieu, de
quoi le remercier, quoi lui demander, je retrouvai mes effusions,
mes larmes, mon enthousiasme et
ma confiance d'autrefois.

Alors j'enfermai en moi la
croyance, comme un mystère, et, ne
voulant pas la discuter, je la laissai

discuter et railler aux autres sans
écouter, sans entendre, sans être
entamée ni troublée un seul instant. Je dirai comment cette foi
sereine fut encore ébranlée plus
tard; mais elle ne le fut que par
ma propre fièvre, sans que l'action
des autres y fût pour rien.

Je n'eus jamais le pédantisme de
ma préoccupation; personne ne s'en
douta jamais, et quand, peu d'années après, j'eus écrit *Lélia* et *Spiri-*
dion, deux ouvrages qui résument
pour moi beaucoup d'agitations morales, mes plus intimes amis se
demandaient avec stupeur en quels
jours, à quelles heures de ma vie,
j'avais passé par ces âpres chemins

8.

entre les cimes de la foi et les abîmes de l'épouvante.

Voici quelques mots que m'écri-
vait le Malgache après *Lélia* : « Que
diable est-ce là? Où avez-vous pris
tout cela? Pourquoi avez-vous fait
ce livre? D'où sort-il, où va-t-il?
Je vous savais bien rêveuse, je vous
croyais croyante, au fond; mais je
ne me serais jamais douté que vous
pussiez attacher tant d'importance
à pénétrer les secrets de ce grand
peut-être, et à retourner dans tous
les sens cet immense point d'inter-
rogation dont vous feriez mieux
de ne pas vous soucier plus que
moi.

» On se moque de moi ici

parce que j'aime ce livre. J'ai peut-
être tort de l'aimer, mais il s'est
emparé de moi et m'empêche de
dormir. Que le bon Dieu vous bé-
nisse de me secouer et de m'agiter
comme ça! mais qui donc est l'auteur de *Lélia*? Est-ce vous? Non.
Ce type, c'est une fantaisie. Ça ne
vous ressemble pas, à vous qui
êtes gaie, qui dansez la bourrée,
qui appréciez le lépidoptère, qui
ne méprisez pas le calembour,
qui ne cousez pas mal, et qui faites très-bien les confitures! Peut-
être bien, après tout, que nous ne
vous connaissions pas, et que vous
nous cachiez sournoisement vos rêveries. Mais est-il possible que vous
ayez pensé à tant de choses, re-

tourné tant de questions et avalé
tant de couleuvres psychologiques,
sans que personne s'en soit jamais douté? »

J'arrivais donc à Paris, c'est-à-dire
au début d'une nouvelle phase de
mon existence, avec des idées très-
arrêtées sur les choses abstraites à
mon usage, mais avec une grande
indifférence et une complète igno-
rance des choses de la réalité. Je
ne tenais pas à les savoir; je n'a-
vais de parti pris sur quoi que ce
soit, dans cette société à laquelle
je voulais de moins en moins ap-
partenir. Je ne comptais pas la
réformer : je ne m'intéressais pas
assez à elle pour avoir cette am-

bition. C'était un tort sans doute que ce détachement et cette paresse : mais c'était l'inévitable résultat d'une vie d'isolement et d'apathie.

Un dernier mot pourtant sur le catholicisme orthodoxe. En passant légèrement sur l'abandon du culte extérieur, je ne prétends pas faire aussi bon marché de la question de culte en général que j'ai peut-être eu l'air de le dire. Raconter et juger est un travail simultané peu facile, quand on ne veut pas s'arrêter trop souvent et lasser la patience du lecteur.

Disons donc ici très-vite que la

nécessité des cultes n'est pas encore
chose jugée pour moi, et que je
vois aujourd'hui autant de bonnes
raisons pour l'admettre que pour la
rejeter. Cependant, si l'on reconnaît,
avec toutes les écoles de la philosophie moderne, un principe de
tolérance absolue à cet égard dans
les gouvernements, je me trouve
parfaitement dans mon droit de refuser de m'astreindre à des formu-
les qui ne me satisfont pas et dont
aucune ne peut remplacer, ni
même laisser libre l'élan de ma
pensée et l'inspiration de ma prière.
Dans ce cas, il faut reconnaître
encore que, s'il est des esprits qui
ont besoin, pour garder la foi, de
s'assujettir à des pratiques extérieu-

res, il en est aussi qui ont besoin,
dans le même but, de s'isoler en-
tièrement.

Pourtant il y a là une grave
question morale pour le législateur.

L'homme sera-t-il meilleur en
adorant Dieu à sa guise, ou en ac-
ceptant une règle établie? Je vois
dans la prière ou dans l'action de
grâces en commun, dans les hon-
neurs rendus aux morts, dans la
consécration de la naissance et des
principaux actes de la vie, des choses admirables et saintes que ne
remplacent pas les contrats et les
actes purement civils. Je vois aussi
l'esprit de ces institutions tellement
perdu et dénaturé qu'en bien des

cas l'homme les observe de manière à en faire un sacrilége. Je
ne puis prendre mon parti sur des
pratiques admises par prudence,
par calcul, c'est-à-dire par lâcheté
ou par hypocrisie. La routine de
l'habitude me paraît une profanation moindre, mais c'en est une
encore, et quel sera le moyen
d'empêcher que toute espèce de
culte n'en soit pas souillée?

Tout mon siècle a cherché et
cherche encore. Je n'en sais pas
plus long que mon siècle[1].

. . . .

[1] Il y a quelques années, j'aurais volontiers
admis, en principe d'avenir, une religion d'État
avec la liberté de discussion, et une loi de discipline dans cette même discussion. J'avoue que

Pourquoi cette solitude qui avait
franchi les plus vives années de ma

depuis j'ai varié dans cette croyance. Je n'ai pas
admis intérieurement sans réserve la doctrine de
liberté absolue ; mais j'ai trouvé dans les travaux
socialistes de M. Émile de Girardin une si forte
démonstration du droit de liberté individuelle, que
j'ai besoin de chercher encore comment la liberté
morale échappera à ses propres excès si l'on ac-
corde à l'homme, dès l'enfance, le droit d'incré-
dulité absolue. Quand je dis *chercher*, je me vante.
Que trouve-t-on à soi tout seul ? Le doute. J'aurais
dû dire *attendre*. Les questions s'éclairent avec le
temps par l'œuvre collective des esprits supérieurs,
et cette œuvre-là est toujours collective en dépit
des divergences apparentes. Il ne s'agit que d'avoir
patience, et la lumière se fait. Ce qui la retarde
beaucoup, c'est l'ardeur orgueilleuse que nous
avons tous, en ce monde, de prendre parti pour
une des formes de la vérité. Il est bon que nous
ayons cette ardeur, mais il est bon aussi qu'à cer-

jeunesse ne me convenait-elle plus,
voilà ce que je n'ai pas dit et ce
que je peux très-bien dire.

L'être absent, je pourrais presque
dire l'*invisible*, dont j'avais fait le
troisième terme de mon existence,
(*Dieu, lui et moi*), était fatigué de
cette aspiration surhumaine à l'a-
mour sublime. Généreux et tendre,
il ne le disait pas, mais ses lettres
devenaient plus rares, ses expressions plus vives ou plus froides,
selon le sens que je voulais y attacher. Ses passions avaient besoin
d'un autre aliment que l'amitié enthousiaste et la vie épistolaire. Il

taines heures nous ayons la bonne foi de dire :
Je ne sais pas.

avait fait un serment qu'il m'avait
tenu religieusement et sans lequel
j'eusse rompu avec lui; mais il ne
m'avait pas fait de serment restric-
tif à l'égard des joies ou des plaisirs qu'il pouvait rencontrer ailleurs.
Je sentis que je devenais pour lui
une chaîne terrible, ou que je n'é-
tais plus qu'un amusement d'esprit.
Je penchai trop modestement vers
cette dernière opinion, et j'ai su
plus tard que je m'étais trompée.
Je ne m'en suis que davantage ap-
plaudie d'avoir mis fin à la contrainte
de son cœur et à l'empêchement de
sa destinée. Je l'aimai longtemps encore dans le silence et l'abattement.
Puis je pensai à lui avec calme,
avec reconnaissance, et je n'y pense

jamais qu'avec une amitié sérieuse
et une estime fondée.

Il n'y eut ni explication ni reproche, dès que mon parti fut pris.
De quoi me serais-je plainte? Que
pouvais-je exiger? Pourquoi aurais-
je tourmenté cette belle et bonne
âme, gâté cette vie pleine d'avenir?
Il y a, d'ailleurs, un point de détachement où celui qui a fait le
premier pas ne doit plus être in-
terrogé et persécuté, sous peine d'ê-
tre forcé de devenir cruel ou malheureux. Je ne voulais pas qu'il en
fût ainsi. Il n'avait pas mérité de
souffrir, *lui*; et moi, je ne voulais
pas descendre dans son respect, en
risquant de l'irriter. Je ne sais pas

si j'ai raison de regarder la fierté comme un des premiers devoirs de la femme, mais il n'est pas en mon pouvoir de ne pas mépriser la passion qui s'acharne. Il me semble qu'il y a là un attentat contre le ciel, qui seul donne et reprend les vraies affections. On ne doit pas plus disputer la possession d'une âme que celle d'un esclave. On doit rendre à l'homme sa liberté, à l'âme son élan, à Dieu la flamme émanée de lui.

Quand ce divorce tranquille, mais sans retour, fut accompli, j'essayai de continuer l'existence que rien d'extérieur n'avait dérangée ni modifiée; mais cela fut impossible. Ma

petite chambre ne voulait plus de
moi.

J'habitais alors l'ancien boudoir
de ma grand'mère, parce qu'il n'y
avait qu'une porte et que ce n'é-
tait un passage pour personne,
sous aucun prétexte que ce fût.
Mes deux enfants occupaient la
grande chambre attenante. Je les
entendais respirer, et je pouvais
veiller sans troubler leur sommeil. Ce boudoir était si petit,
qu'avec mes livres, mes herbiers,
mes papillons et mes cailloux (j'allais toujours m'amusant à l'histoire
naturelle sans rien apprendre), il
n'y avait pas de place pour un
lit. J'y suppléais par un hamac.

Je faisais mon bureau d'une armoire qui s'ouvrait en manière de secrétaire et qu'un *cricri*, que l'habitude de me voir avait apprivoisé, occupa longtemps avec moi. Il y vivait de mes pains à cacheter, que j'avais soin de choisir blancs, dans la crainte qu'il ne s'empoisonnât. Il venait manger sur mon papier pendant que j'écrivais, après quoi il allait chanter dans un certain tiroir de prédilection. Quelquefois il marchait sur mon écriture, et j'étais obligée de le chasser pour qu'il ne s'avisât pas de goûter à l'encre fraîche. Un soir, ne l'entendant plus remuer et ne le voyant pas venir, je le cherchai partout. Je ne trouvai

de mon ami que les deux pattes
de derrière entre la croisée et la
boiserie. Il ne m'avait pas dit
qu'il avait l'habitude de sortir,
la servante l'avait écrasé en fer-
mant la fenêtre.

J'ensevelis ses tristes restes dans
une fleur de datura, que je gar-
dai longtemps comme une re-
lique; mais je ne saurais dire
quelle impression me fit ce pué-
ril incident, par sa coïncidence
avec la fin de mes poétiques
amours. J'essayai bien de faire
là-dessus de la poésie, j'avais
ouï dire que le bel esprit con-
sole de tout; mais, tout en
écrivant *la Vie et la Mort d'un*

esprit familier, ouvrage inédit et bien fait pour l'être toujours, je me surpris plus d'une fois tout en larmes. Je songeais malgré moi que ce petit cri du grillon, qui est comme la voix même du foyer domestique, aurait pu chanter mon bonheur réel, qu'il avait bercé au moins les derniers épanchements d'une illusion douce, et qu'il venait de s'envoler pour toujours avec elle.

La mort du grillon marqua donc, comme d'une manière symbolique, la fin de mon séjour à Nohant. Je m'inspirai d'autres pensées, je changeai ma manière de vivre, je sortis, je me promenai

9.

beaucoup durant l'automne. J'ébau-
chai une espèce de roman qui
n'a jamais vu le jour; puis,
l'ayant lu, je me convainquis qu'il
ne valait rien, mais que j'en pouvais faire de moins mauvais, et
qu'en somme il ne l'était pas
plus que beaucoup d'autres qui
faisaient vivre tant bien que mal
leurs auteurs. Je reconnus que
j'écrivais vite, facilement, longtemps sans fatigue ; que mes
idées, engourdies dans mon cerveau, s'éveillaient et s'enchaînaient,
par la déduction, au courant de
la plume; que, dans ma vie de
recueillement, j'avais beaucoup ob-
servé et assez bien compris les
caractères que le hasard avait

fait passer devant moi, et que, par conséquent, je connaissais assez la nature humaine pour la dépeindre; enfin, que de tous les petits travaux dont j'étais capable, la littérature proprement dite était celui qui m'offrait le plus de chances de succès comme métier, et, tranchons le mot, comme gagne-pain.

Quelques personnes, avec qui je m'en expliquai au commencement, crièrent *fi!* La poésie pouvait-elle exister, disaient-elles, avec une semblable préoccupation? Était-ce donc pour trouver une profession matérielle que j'avais tant vécu dans l'idéal?

Moi, j'avais mon idée là-dessus
depuis longtemps. Dès avant mon
mariage j'avais senti que ma situation dans la vie, ma petite fortune, ma liberté de ne rien faire,
mon prétendu droit de comman-
der à un certain nombre d'êtres
humains, paysans et domestiques,
enfin mon rôle d'héritière et de
châtelaine, malgré ses minces pro-
portions et son imperceptible importance, était contraire à mon
goût, à ma logique, à mes facultés. Que l'on se rappelle comment la pauvreté de ma mère, qui
l'avait séparée de moi, avait agi
sur ma petite cervelle et sur mon
pauvre cœur d'enfant; comment
j'avais, dans mon for intérieur,

repoussé l'héritage, et projeté longtemps de fuir le bien-être pour le
travail.

A ces idées romanesques succéda,
dans les commencements de mon
mariage, la volonté de complaire
à mon mari et d'être la femme
de ménage qu'il souhaitait que je
fusse. Les soins domestiques ne
m'ont jamais ennuyée, et je ne
suis pas de ces esprits sublimes
qui ne peuvent descendre de leurs
nuages. Je vis beaucoup dans les
nuages, certainement, et c'est une
raison de plus pour que j'éprouve
le besoin de me retrouver souvent
sur la terre. Souvent, fatiguée et
obsédée de mes propres agitations,

j'aurais volontiers dit, comme Panurge sur la mer en fureur :
« Heureux celui qui plante choux !
il a un pied sur la terre, et
l'autre n'en est distant que d'un
fer de bêche ! »

Mais ce fer de bêche, ce quelque chose entre la terre et mon
second pied, voilà justement ce
dont j'avais besoin et ce que je
ne trouvais pas. J'aurais voulu une
raison, un motif aussi simple que
l'action de *planter choux*, mais
aussi logique, pour m'expliquer à
moi-même le but de mon activité.
Je voyais bien qu'en me donnant
beaucoup de soins pour économi-
ser sur toutes choses, comme cela

m'était recommandé, je n'arrivais
qu'à me pénétrer de l'impossibilité
d'être économe sans égoïsme en
certains cas; plus j'approchais de
la terre, en creusant le petit problème de lui faire rapporter le
plus possible, et plus je voyais
que la terre rapporte peu et que
ceux qui ont peu ou point de
terre à bêcher ne peuvent pas
exister avec leurs deux bras. Le
salaire était trop faible, le travail
trop peu assuré, l'épuisement et
la maladie trop inévitables. Mon
mari n'était pas inhumain et ne
m'arrêtait pas dans le détail de
la dépense; mais quand, au bout
du mois, il voyait mes comptes,
il perdait la tête et me la faisait

perdre aussi en me disant que
mon revenu était de moitié trop
faible pour ma libéralité, et qu'il
n'y avait aucune possibilité de
vivre à Nohant et avec Nohant
sur ce pied-là. C'était la vérité;
mais je ne pouvais prendre sur
moi de réduire au strict nécessaire
l'aisance de ceux que je gouvernais et de refuser le nécessaire
à ceux que je ne gouvernais pas.
Je ne résistais à rien de ce qui
m'était imposé ou conseillé, mais
je ne savais pas m'y prendre. Je
m'impatientais et j'étais débonnaire.
On le savait, et on en abusait souvent.

Ma gestion ne dura qu'une an-

néc. On m'avait prescrit de ne pas
dépasser dix mille francs; j'en dé-
pensai quatorze, de quoi j'étais pe-
naude comme un enfant pris en
faute. J'offris ma démission, et on
l'accepta. Je rendis mon portefeuille
et renonçai même à une pension
de quinze cents francs qui m'était
assurée par contrat de mariage
pour ma toilette. Il ne m'en fallait
pas tant, et j'aimais mieux être à
la discrétion de mon gouvernement
que de réclamer. Depuis cette époque jusqu'en 1831, je ne possédai
pas une obole, je ne pris pas cent
sous dans la bourse commune sans
les demander à mon mari, et quand
je le priai de payer mes dettes
personnelles au bout de neuf ans

de mariage, elles se montaient à
cinq cents francs.

Je ne rapporte pas ces petites
choses pour me plaindre d'avoir
subi aucune contrainte ni souffert
d'aucune avarice. Mon mari n'était
pas avare, et il ne me refusait
rien; mais je n'avais pas de besoins,
je ne désirais rien en dehors des
dépenses courantes établies par lui
dans la maison, et, contente de
n'avoir plus aucune responsabilité,
je lui laissais une autorité sans limites et sans contrôle. Il avait donc
pris tout naturellement l'habitude
de me regarder comme un enfant
en tutelle, et il n'avait pas sujet

de s'irriter contre un enfant si tranquille.

Si je suis entrée dans ce détail, c'est que j'ai à dire comment, au milieu de cette vie de religieuse que je menais bien réellement à Nohant, et à laquelle ne manquaient ni la cellule, ni le vœu d'obéissance, ni celui de silence, ni celui de pauvreté, le besoin d'exister par moi-même se fit enfin sentir. Je souffrais de me voir inutile. Ne pouvant assister autrement les pauvres gens, je m'étais fait médecin de campagne, et ma clientèle gratuite s'était accrue au point de m'écraser de fatigue. Par économie, je m'étais faite aussi un peu pharma-

cien, et quand je rentrais de mes
visites, je m'abrutissais dans la con-
fection des onguents et des sirops.
Je ne me lassais pas du métier;
que m'importait de rêver là ou ailleurs? Mais je me disais qu'avec un
peu d'argent à moi, mes malades
seraient mieux soignés et que ma
pratique pourrait s'aider de quelques lumières.

Et puis l'esclavage est quelque
chose d'antihumain que l'on n'ac-
cepte qu'à la condition de rêver
toujours la liberté. Je n'étais pas
esclave de mon mari, il me lais-
sait bien volontiers à mes lectures
et à mes juleps; mais j'étais asser-
vie à une situation donnée, dont il

ne dépendait pas de lui de m'affranchir. Si je lui eusse demandé la lune, il m'eût dit en riant : « Ayez de quoi la payer, je vous l'achète; » et si je me fusse laissée aller à dire que j'aimerais à voir la Chine, il m'eût répondu : « Ayez de l'argent, faites que Nohant en rapporte, et allez en Chine. »

J'avais donc agité en moi plus d'une fois le problème d'avoir des ressources, si modestes qu'elles fussent, mais dont je pusse disposer sans remords et sans contrôle, pour un bonheur d'artiste, pour une aumône bien placée, pour un beau livre, pour une semaine de voyage, pour un petit cadeau à une amie

pauvre, que sais-je! pour tous ces
riens dont on peut se priver, mais
sans lesquels pourtant on n'est pas
homme ou femme, mais bien plutôt ange ou bête. Dans notre société toute factice, l'absence totale
de numéraire constitue une situation
impossible, la misère effroyable ou
l'impuissance absolue. L'irresponsa-
bilité est un état de servage; c'est
quelque chose comme la honte de
l'interdiction.

Je m'étais dit aussi qu'un moment viendrait où je ne pourrais
plus rester à Nohant. Cela tenait à
des causes encore passagères alors,
mais que parfois je voyais s'ag-
graver d'une manière menaçante. Il

eût fallu chasser mon frère, qui,
gêné par une mauvaise gestion de
son propre bien, était venu vivre
chez nous par économie, et un autre ami de la maison pour qui
j'avais, malgré sa fièvre bachique,
une très-véritable amitié; un homme
qui, comme mon frère, avait du
cœur et de l'esprit à revendre, un
jour sur trois, sur quatre, ou sur
cinq, selon *le vent*, disaient-ils. Or,
il y avait des *vents salés* qui faisaient faire bien des folies, des *figures salées* qu'on ne pouvait rencontrer sans avoir envie de boire,
et quand on avait bu, il se trouvait que, de toutes choses, le vin
était encore la plus salée. Il n'y a
rien de pis que des ivrognes spiri-

tuels et bons, on ne peut se fâcher
avec eux. Mon frère avait le vin
sensible, et j'étais forcée de m'enfer-
mer dans ma cellule pour qu'il ne
vînt pas pleurer toute la nuit, les
fois où il n'avait pas dépassé une
certaine dose qui lui donnait envie
d'étrangler ses meilleurs amis. Pauvre Hippolyte! Comme il était
charmant dans ses bons jours, et
insupportable dans ses mauvaises
heures! Tel qu'il était, et malgré
des résultats indirects plus sérieux
que ses radotages, ses pleurs et ses
colères, j'aimais mieux songer à
m'exiler qu'à le renvoyer. D'ailleurs
sa femme habitait avec nous aussi,
sa pauvre excellente femme, qui n'a-
vait qu'un bonheur au monde, celui

d'être d'une santé si frêle qu'elle passait dans son lit plus de temps que sur ses pieds, et qu'elle dormait d'un sommeil assez accablé pour ne pas trop s'apercevoir encore de ce qui se passait autour de nous.

Dans la vue de m'affranchir et de soustraire mes enfants à de fâcheuses influences, un jour possibles, certaine qu'on me laisserait m'éloigner, à la condition de ne pas demander le partage, même très-inégal, de mon revenu, j'avais tenté de me créer quelque petit métier. J'avais essayé de faire des traductions : c'était trop long, j'y mettais trop de scrupule et de conscience; des

10.

portraits au crayon ou à l'aquarelle
en quelques heures : je saisissais très-
bien la ressemblance, je ne dessinais
pas mal mes petites têtes; mais cela
manquait d'originalité; de la cou-
ture : j'allais vite, mais je ne voyais
pas assez fin, et j'appris que cela
rapporterait tout au plus dix sous
par jour; des modes : je pensais à
ma mère qui n'avait pu s'y remettre, faute d'un petit capital. Pendant
quatre ans, j'allai tâtonnant et tra-
vaillant comme un nègre à ne rien
faire qui vaille, pour découvrir en
moi une capacité quelconque. Je
crus un instant l'avoir trouvée.
J'avais peint des fleurs et des oiseaux d'ornement, en compositions
microscopiques sur des tabatières et

des étuis à cigares en bois de Spa.
Il s'en trouva de très-jolis que le
vernisseur admira lorsque à un de
mes petits voyages à Paris je les
lui portai. Il me demanda si c'était
mon état, je répondis que oui, pour
voir ce qu'il avait à me dire. Il
me dit qu'il mettrait ces petits
objets sur *sa montre* et qu'il les laisserait marchander. Au bout de quelques jours, il m'apprit qu'il avait
refusé quatre-vingts francs de l'étui
à cigares : je lui avais dit, à tout
hasard, que j'en voulais cent francs,
pensant qu'on ne m'en offrirait pas
cent sous.

J'allai trouver les employés de la
maison Giroux et leur montrai mes

échantillons. Ils me conseillèrent
d'essayer beaucoup d'objets diffé-
rents, des éventails, des boîtes à
thé, des coffrets à ouvrage, et
m'assurèrent que j'en aurais le débit chez eux. J'emportai donc de
Paris une provision de matériaux,
mais j'usai mes yeux, mon temps
et ma peine à la recherche des
procédés. Certains bois réussissaient
comme par miracle, d'autres laissaient tout partir ou tout gâter
au vernissage. J'avais des accidents
qui me retardaient, et, somme toute,
les matières premières coûtaient si
cher, qu'avec le temps perdu et
les objets gâtés, je ne voyais, en
supposant un débit soutenu, que
de quoi manger du pain très-sec.

Je m'y obstinai pourtant, mais la mode de ces objets passa à temps pour m'empêcher d'y poursuivre un échec.

Et puis, malgré moi, je me sentais artiste, sans avoir jamais songé à me dire que je pouvais l'être. Dans un de mes courts séjours à Paris, j'étais entrée un jour au musée de peinture. Ce n'était sans doute pas la première fois, mais j'avais toujours regardé sans voir, persuadée que je ne m'y connaissais pas, et ne sachant pas tout ce qu'on peut sentir sans comprendre. Je commençai à m'émouvoir singulièrement. J'y retournai le lendemain, puis le surlendemain; et, à

mon voyage suivant, voulant connaître un à un tous les chefs-d'œuvre et me rendre compte de la différence des écoles un peu plus que
par la nature des types et des su-
jets, je m'en allais mystérieusement
toute seule, dès que le musée était
ouvert, et j'y restais jusqu'à ce qu'il
fermât. J'étais comme enivrée, comme
clouée devant les Titien, les Tinto-
ret, les Rubens. C'était d'abord l'é-
cole flamande qui m'avait saisie par
la poésie dans la réalité, et peu à
peu j'arrivais à sentir pourquoi l'é-
cole italienne était si appréciée.
Comme je n'avais personne pour me
dire en quoi c'était beau, mon admiration croissante avait tout l'at-
trait d'une découverte, et j'étais toute

surprise et toute ravie de trouver, devant la peinture, des jouissances égales à celles que j'avais goûtées dans la musique. J'étais loin d'avoir un grand discernement, je n'avais jamais eu la moindre notion sérieuse de cet art, qui, pas plus que les autres, ne se révèle aux sens sans le secours de facultés et d'éducation spéciales. Je savais très-bien que dire devant un tableau : « Je juge parce que je vois, et je vois parce que j'ai des yeux, » est une impertinence d'épicier cuistre. Je ne disais donc rien, je ne m'interrogeais pas même pour savoir ce qu'il y avait d'obstacles ou d'affinités entre moi et les créations du génie. Je contemplais, j'étais dominée, j'étais transportée

dans un monde nouveau. La nuit,
je voyais passer devant moi toutes
ces grandes figures qui, sous la
main des maîtres, ont pris un ca-
chet de puissance morale, même
celles qui n'expriment que la force
ou la santé physiques. C'est dans la
belle peinture qu'on sent ce que
c'est que la vie : c'est comme un
résumé splendide de la forme et de
l'expression des êtres et des choses,
trop souvent voilées ou flottantes
dans le mouvement de la réalité et
dans l'appréciation de celui qui les
contemple ; c'est le spectacle de la
nature et de l'humanité vu à travers le sentiment du génie qui l'a
composé et mis en scène. Quelle
bonne fortune pour un esprit naïf

qui n'apporte devant de telles œuvres ni préventions de critique, ni
préventions de capacité personnelle!
L'univers se révélait à moi. Je voyais
à la fois dans le présent et dans le
passé, je devenais classique et romantique en même temps, sans savoir ce que signifiait la querelle
agitée dans les arts. Je voyais le
monde du vrai surgir à travers tous
les fantômes de ma fantaisie et
toutes les hésitations de mon regard. Il me semblait avoir conquis
je ne sais quel trésor d'infini dont
j'avais ignoré l'existence. Je n'aurais
pu dire quoi, je ne savais pas de
nom pour ce que je sentais se presser dans mon esprit réchauffé et
comme dilaté; mais j'avais la fièvre,

et je m'en revenais du musée, me
perdant de rue en rue, ne sachant
où j'allais, oubliant de manger, et
m'apercevant tout à coup que l'heure
était venue d'aller entendre le *Freis-
chutz* ou *Guillaume Tell*. J'entrais alors
chez un pâtissier, je dînais d'une
brioche, me disant avec satisfaction,
devant la petite bourse dont on
m'avait munie, que la suppression de
mon repas me donnait le droit et
le moyen d'aller au spectacle.

On voit qu'au milieu de mes projets et de mes émotions, je n'avais
rien appris. J'avais lu de l'histoire
et des romans; j'avais déchiffré
des partitions; j'avais jeté un œil

distrait sur les journaux et un peu
fermé l'oreille à dessein aux entre-
tiens politiques du moment. Mon
ami Néraud, un vrai savant, artiste
jusqu'au bout des ongles dans la
science, avait essayé de m'apprendre la botanique; mais en courant
avec lui dans la campagne, lui
chargé de sa boîte de fer-blanc,
moi portant Maurice sur mes épaules, je ne m'étais amusée, comme
disent les bonnes gens, qu'à la moutarde; encore n'avais-je pas bien étudié la moutarde et savais-je tout au
plus que cette plante est de la famille des crucifères. Je me laissais
distraire des classifications et des in-
dividus par le soleil dorant les
brouillards, par les papillons cou-

rant après les fleurs et Maurice courant après les papillons.

Et puis j'aurais voulu tout voir et
tout savoir en même temps. Je faisais causer mon professeur, et sur
toutes choses il était brillant et in-
téressant; mais je ne m'initiai avec
lui qu'à la beauté des détails, et le
côté exact de la science me semblait aride pour ma mémoire récal-
citrante. J'eus grand tort; mon Malgache, c'est ainsi que j'appelais
Néraud, était un initiateur admirable, et j'étais encore en âge d'apprendre. Il ne tenait qu'à moi de
m'instruire d'une manière générale,
qui m'eût permis de me livrer seule
ensuite à de bonnes études. Je me

bornai à comprendre un ensemble
de choses qu'il résumait en lettres
ravissantes sur l'histoire naturelle et
en récits de ses lointains voyages,
qui m'ouvrirent un peu le monde
des tropiques. J'ai retrouvé la vision
qu'il m'avait donnée de l'Ile-de-
France, en écrivant le roman d'*Indiana*, et, pour ne pas copier les
cahiers qu'il avait rassemblés pour
moi, je n'ai pas su faire autre
chose que de gâter ses descriptions
en les appropriant aux scènes de
mon livre.

Il est tout simple que, n'appor-
tant dans mes projets littéraires, ni
talent éprouvé, ni études spéciales,
ni souvenirs d'une vie agitée à la

surface, ni connaissance approfondie
du monde des faits, je n'eusse aucune espèce d'ambition. L'ambition
s'appuie sur la confiance en soi-
même, et je n'étais pas assez sotte pour
compter sur mon petit génie. Je me
sentais riche d'un fonds très-restreint;
l'analyse des sentiments, la peinture
d'un certain nombre de caractères,
l'amour de la nature, la familiarisa-
tion, si je puis parler ainsi, avec
les scènes et les mœurs de la campagne : c'était assez pour commencer. « A mesure que je vivrai,
me disais-je, je verrai plus de gens
et de choses, j'étendrai mon cercle
d'individualités, j'agrandirai le cadre des scènes, et s'il faut, d'ailleurs, me retrancher dans le roman

d'inductions, qu'on appelle le roman historique, j'étudierai le détail
de l'histoire et je devinerai par la
pensée la pensée des hommes qui
ne sont plus. »

Quand ma résolution fut mûre
d'aller tenter la fortune, c'est-à-dire
les mille écus de rente que j'avais
toujours rêvés, la déclarer et la
suivre fut l'affaire de trois jours.
Mon mari me devait une pension
de quinze cents francs. Je lui demandai ma fille, et la permission
de passer à Paris deux fois trois
mois par an, avec deux cent cinquante francs par mois d'absence.
Cela ne souffrit aucune difficulté.

Il pensa que c'était un caprice dont je serais bientôt lasse.

Mon frère, qui pensait de même, me dit : « Tu t'imagines vivre à Paris avec un enfant moyennant deux cent cinquante francs par mois ! C'est trop risible, toi qui ne sais pas ce que coûte un poulet ! Tu vas revenir avant quinze jours les mains vides, car ton mari est bien décidé à être sourd à toute demande de nouveau subside. — C'est bien, lui répondis-je, j'essayerai. Prête-moi pour huit jours l'appartement que tu occupes dans ta maison de Paris, et garde-moi Solange jusqu'à ce que j'aie un logement. Je reviendrai effectivement bientôt. »

Mon frère fut le seul qui essaya de combattre ma résolution. Il se sentait un peu coupable du dégoût que m'inspirait ma maison. Il n'en voulait pas convenir avec lui-même, et il en convenait avec moi à son insu. Sa femme comprenait mieux et m'approuvait. Elle avait confiance dans mon courage et dans ma destinée. Elle sentait que je prenais le seul moyen d'éviter ou d'ajourner une détermination plus pénible.

Ma fille ne comprenait rien encore : Maurice n'eût rien compris si mon frère n'eût pris soin de lui dire que je m'en allais pour longtemps et que je ne reviendrais peut-

11.

être pas. Il agissait ainsi dans l'espoir que le chagrin de mon pauvre
enfant me retiendrait. J'eus le cœur
brisé de ses larmes, mais je parvins à le tranquilliser et à lui
donner confiance en ma parole.

J'arrivai à Paris peu de temps
après les scènes du Luxembourg et
le procès des ministres.

CHAPITRE VINGT-SIXIÈME.

Manière de préface à une nouvelle phase de mon récit.
— Pourquoi je ne parle pas de toutes les personnes
qui ont eu de l'influence sur ma vie, soit par la persuasion, soit par la persécution. — Quelques lignes de
J. J. Rousseau sur le même sujet. — Mon sentiment
est tout l'opposé du sien. — Je ne sais pas attenter à
la vie des autres, et, pour cause de christianisme in-
vétéré, je n'ai pu me jeter dans la politique de per-
sonnalités. — Je reprends mon histoire. — La mansarde du quai Saint-Michel et la vie excentrique que
j'ai menée pendant quelques mois avant de m'installer.
— Déguisement qui réussit extraordinairement. —
— Méprises singulières. — M. Pinson. — Émile Paultre,
— Le bouquet de mademoiselle Leverd. — M. Rollinat père. — Sa famille. — François Rollinat. — Digression assez longue. — Mon chapitre de l'amitié,
moins beau, mais aussi senti que celui de Montaigne.

Établissons un fait avant d'aller plus loin.

Comme je ne prétends pas donner le change sur quoi que ce soit en racontant ce qui me concerne, je dois commencer par dire nettement

que je veux *taire* et non *arranger*
ni *déguiser* plusieurs circonstances
de ma vie. Je n'ai jamais cru avoir
de secrets à garder pour mon
compte vis-à-vis de mes amis. J'ai
agi, sous ce rapport, avec une
sincérité à laquelle j'ai dû la fran-
chise de mes relations et le respect dont j'ai toujours été entourée
dans mon milieu d'intimité. Mais
vis-à-vis du public, je ne m'attribue pas le droit de disposer du
passé de toutes les personnes dont
l'existence a côtoyé la mienne.

Mon silence sera indulgence ou
respect, oubli ou déférence, je n'ai
pas à m'expliquer sur ces causes.
Elles seront de diverses natures

probablement, et je déclare qu'on
ne doit rien préjuger pour ou contre les personnes dont je parlerai
peu ou point.

Toutes mes affections ont été sérieuses, et pourtant j'en ai brisé
plusieurs sciemment et volontairement. Aux yeux de mon entourage
j'ai agi trop tôt ou trop tard, j'ai
eu tort ou raison, selon qu'on a
plus ou moins bien connu les causes de mes résolutions. Outre que
ces débats d'intérieur auraient peu
d'intérêt pour le lecteur, le seul
fait de les présenter à son appréciation serait contraire à toute délicatesse, car je serais forcée de

sacrifier parfois la personnalité d'autrui à la mienne propre.

Puis-je, cependant, pousser cette
délicatesse jusqu'à dire que j'ai été
injuste en de certaines occasions
pour le plaisir de l'être? Là com-
mencerait le mensonge, et qui donc
en serait dupe? Tout le monde
sait de reste que dans toute querelle, qu'elle soit de famille ou
d'opinion, d'intérêt ou de cœur, de
sentiment ou de principes, d'amour
ou d'amitié, il y a des torts réci-
proques et qu'on ne peut expliquer
et motiver les uns que par les autres.
Il est des personnes que j'ai vues
à travers un prisme d'enthousiasme
et vis-à-vis desquelles j'ai eu le

grand tort de recouvrer la lucidité
de mon jugement. Tout ce qu'elles
avaient à me demander, c'était de
bons procédés, et je défie qui que
ce soit de dire que j'aie manqué à
ce fait. Pourtant leur irritation a
été vive, et je le comprends très-
bien. On est disposé, dans le premier moment d'une rupture, à
prendre le désenchantement pour
un outrage. Le calme se fait, on
devient plus juste. Quoi qu'il en
soit de ces personnes, je ne veux
pas avoir à les peindre; je n'ai pas
le droit de livrer leurs traits à
la curiosité ou à l'indifférence des
passants. Si elles vivent dans l'obs-
curité, laissons-les jouir de ce doux
privilége. Si elles sont célèbres,

laissons-les se peindre elles-mêmes,
si elles le jugent à propos, et ne
faisons pas le triste métier de bio-
graphe des vivants.

Les vivants! on leur doit bien,
je pense, de les laisser vivre, et il
y a longtemps qu'on a dit que le
ridicule était une arme mortelle. S'il
en est ainsi, combien plus le blâme
de telle ou telle action, ou seulement la révélation de quelque faiblesse! Dans des situations plus graves que celles auxquelles je fais
allusion ici, j'ai vu la perversité
naitre et grandir d'heure en heure;
je la connais, je l'ai observée, et
je ne l'ai même pas prise pour
type, en général, dans mes romans.

On a critiqué en moi cette béni-
gnité d'imagination. Si c'est une in-
firmité du cerveau, on peut bien
croire qu'elle est dans mon cœur
aussi et que je ne sais pas vouloir
constater le laid dans la vie réelle.
Voilà pourquoi je ne le montrerai
pas dans une histoire véritable. Me
fût-il prouvé que cela est utile à
montrer, il n'en resterait pas moins
certain pour moi que le pilori est
un mauvais mode de prédication, et
que celui qui a perdu l'espoir de se
réhabiliter devant les hommes n'es-
sayera pas de se réconcilier avec
lui-même.

D'ailleurs, moi, je pardonne, et
si des âmes très-coupables devant

moi se réhabilitent sous d'autres influences, je suis prête à bénir. Le
public n'agit pas ainsi; il condamne
et lapide. Je ne veux donc pas livrer mes ennemis (si je peux me
servir d'un mot qui n'a pas beaucoup de sens pour moi) à des juges
sans entrailles ou sans lumières et
aux arrêts d'une opinion que ne
dirige pas la moindre pensée religieuse, que n'éclaire pas le moindre
principe de charité.

Je ne suis pas une sainte : j'ai
dû avoir, je le répète, et j'ai eu
certainement ma part de torts, sérieux aussi, dans la lutte qui s'est
engagée entre moi et plusieurs individualités. J'ai dû être injuste,

violente de résolutions, comme le
sont les organisations lentes à se
décider, et subir des préventions
cruelles, comme l'imagination en
crée aux sensibilités surexcitées. L'esprit de mansuétude que j'apporte
ici n'a pas toujours dominé mes
émotions au moment où elles se
sont produites. J'ai pu murmurer
contre mes souffrances et me plaindre des faits dans le secret de l'a-
mitié; mais jamais de sang-froid,
avec préméditation et sous l'empire
d'un lâche sentiment de rancune ou
de haine, je n'ai traduit personne
à la barre de l'opinion. Je n'ai pas
voulu le faire là où les gens les
plus purs et les plus sérieux s'en
attribuent le droit : en politique. Je

ne suis pas née pour ce métier
d'exécuteur, et si j'ai refusé obsti-
nément d'entrer dans ce fait de
guerre générale, par scrupule de
conscience, par générosité ou dé-
bonnaireté de caractère, à plus
forte raison ne me démentirai-je
pas quand il s'agira de ma cause
isolée.

Et qu'on ne dise pas qu'il est facile d'écrire sa vie quand on en
retranche l'exposé de certaines ap-
plications essentielles de la volonté.
Non, cela n'est pas facile, car il
faut prendre franchement le parti
de laisser courir des récits absur-
des et de folles calomnies, et j'ai
pris ce parti-là en commençant

cet ouvrage. Je ne l'ai pas intitulé
mes *Mémoires*, et c'est à dessein
que je me suis servie de ces expressions : *Histoire de ma vie*, pour
bien dire que je n'entendais pas
raconter sans restriction celle des
autres. Or, dans toutes les circonstances où la vie de quelqu'un de
mes semblables a pu faire dévier la
mienne propre de la ligne tracée
par sa logique naturelle, je n'ai
rien à dire, ne voulant pas faire un
procès public à des influences que
j'ai subies ou repoussées, à des caractères qui, par persuasion ou par
persécution, m'ont déterminée à agir
dans un sens ou dans l'autre. Si
j'ai flotté ou erré, j'ai, du moins,
la grande consolation d'être aujour-

d'hui certaine de n'avoir jamais agi,
après réflexion, qu'avec la conviction d'accomplir un devoir ou
d'user d'un droit légitime, ce qui
est au fond la même chose [1].

J'ai reçu dernièrement un petit
volume, récemment publié[2], de frag-

---

[1] Oui, c'est la même chose. On recule parfois
devant le devoir de défendre son droit par un
mouvement de générosité irréfléchi. Je l'ai fait
souvent, par faiblesse peut-être, et le résultat n'a
jamais été bon pour les autres. L'impunité a em-
piré leur mauvais vouloir et les a rendus plus cou-
pables, partant plus malheureux. La sagesse con-
sisterait à s'assurer bien froidement de la légiti-
mité du droit en litige et à trouver le moyen de
pouvoir se dire : « En étant généreux, je ne suis
que juste. »

[2] Par M. Alfred de Bougy.

ments inédits de Jean-Jacques Rousseau, et j'ai été vivement frappée
de ce passage qui faisait partie
d'un projet de préface ou introduc-
tion aux *Confessions* : « Les liaisons
» que j'ai eues avec plusieurs per-
» sonnes me forcent d'en parler
» aussi librement que de moi. Je
» ne puis me bien faire connaître
» que je ne les fasse connaître
» aussi; et l'on ne doit pas s'atten-
» dre que, dissimulant dans cette
» occasion ce qui ne peut être tu
» sans nuire aux vérités que je dois
» dire, j'aurai pour d'autres des
» ménagements que je n'ai pas
» pour moi-même. »

Je ne sais pas si lors même

12.

qu'on est Jean-Jacques Rousseau, on
a le droit de traduire ainsi ses
contemporains devant ses contemporains pour une cause toute personnelle. Il y a là quelque chose qui
révolte la conscience publique. On
aimerait que Rousseau se fût laissé
accuser de légèreté et d'ingratitude
envers madame de Warens, plutôt
que d'apprendre par lui des détails
qui souillent l'image de sa bienfai-
trice. On eût pu pressentir qu'il y
eût des motifs à son inconstance,
des excuses à son oubli, et le juger
avec d'autant plus de générosité
qu'il en eût paru digne par sa générosité même.

J'écrivais, il y a sept ans, aux

premières pages de ce récit :
« Comme nous sommes tous solidai-
res, il n'y a point de faute isolée.
Il n'y a point d'erreur dont quelqu'un ne soit la cause ou le com-
plice, et il est impossible de s'accuser sans accuser le prochain, non
pas seulement l'ennemi qui nous dé-
nonce, mais encore parfois l'ami
qui nous défend. C'est ce qui est
arrivé à Rousseau, et cela est mal. »

Oui, cela est mal. Après sept ans
d'un travail cent fois interrompu
par des préoccupations générales et
particulières qui ont donné à mon
esprit tout le loisir de nouvelles
réflexions et tout le profit d'un nou-
vel examen, je me retrouve vis-à-

vis de moi-même et de mon ouvrage dans la même conviction,
dans la même certitude. Certaines
confidences personnelles, qu'elles
soient confession ou justification,
deviennent, dans des conditions de
publicité littéraire, un attentat à la
conscience, à la réputation d'autrui,
ou bien elles ne sont pas complètes,
et par là elles ne sont pas vraies.

Tout ceci établi, je continue. Je
retire à mes souvenirs une portion
de leur intérêt, mais il leur res-
tera encore assez d'utilité, sous plus
d'un rapport, pour que je prenne
la peine de les écrire.

Ici ma vie devient plus active,

plus remplie de détails et d'inci-
dents. Il me serait impossible de
les retrouver dans un ordre de da-
tes certaines. J'aime mieux les clas-
ser par ordre de progression dans
leur importance.

Je cherchai un logement et m'é-
tablis bientôt quai Saint-Michel,
dans une des mansardes de la
grande maison qui fait le coin de
la place, au bout du pont, en face
de la morgue. J'avais là trois petites pièces très-propres donnant sur
un balcon d'où je dominais une
grande étendue du cours de la
Seine, et d'où je contemplais face
à face les monuments gigantesques
de Notre-Dame, Saint-Jacques-la-

Boucherie, la Sainte-Chapelle, etc.
J'avais du ciel, de l'eau, de l'air,
des hirondelles, de la verdure sur
les toits; je ne me sentais pas trop
dans le Paris de la civilisation, qui
n'eût convenu ni à mes goûts ni à
mes ressources, mais plutôt dans le
Paris pittoresque et poétique de
Victor Hugo, dans la ville du passé.

J'avais, je crois, trois cents francs
de loyer par an. Les cinq étages de
l'escalier me chagrinaient fort, je
n'ai jamais su monter; mais il le
fallait bien, et souvent avec ma
grosse fille dans les bras. Je n'a-
vais pas de servante; ma portière,
très-fidèle, très-propre et très-bonne,
m'aida à faire mon ménage pour

15 fr. par mois. Je me fis apporter
mon repas de chez un gargotier
très-propre et très-honnête aussi,
moyennant deux francs par jour. Je
savonnais et repassais moi-même le
fin. J'arrivai alors à trouver mon
existence possible dans la limite de
ma pension.

Le plus difficile fut d'acheter des
meubles. Je n'y mis pas de luxe,
comme on peut croire. On me fit
crédit, et je parvins à payer; mais
cet établissement, si modeste qu'il
fût, ne put s'organiser tout de suite;
quelques mois se passèrent, tant à
Paris qu'à Nohant, avant que je
pusse transplanter Solange de son
palais de Nohant (relativement par-

lant) dans cette pauvreté sans
qu'elle en souffrît, sans qu'elle s'en
aperçût. Tout s'arrangea peu à peu,
et dès que je l'eus auprès de moi,
avec le vivre et le service assurés,
je pus devenir sédentaire, ne sortir
le jour que pour la mener prome-
ner au Luxembourg, et passer à
écrire toutes mes soirées auprès
d'elle. La Providence me vint en
aide. En cultivant un pot de réséda
sur mon balcon, je fis connaissance
avec ma voisine qui, plus luxueuse,
cultivait un oranger sur le sien.
C'était madame Badoureau, qui de-
meurait là avec son mari, instituteur primaire, et une charmante
fille de quinze ans, douce et modeste blonde aux yeux baissés, qui

se prit de passion pour Solange.
Cette excellente famille m'offrit de
la faire jouer avec d'autres enfants
qui venaient prendre des leçons
particulières, quand elle s'ennuierait
du petit espace de ma mansarde et
de la continuité des mêmes amuse-
ments. Cela rendit l'existence de
l'enfant, non plus seulement possible, mais agréable, et il n'est pas
de soins et de tendresses que ces
braves gens ne lui aient prodigués,
sans jamais vouloir me permettre de
les en indemniser, bien que leur
profession eût rendu la chose toute
naturelle, et la rétribution bien ac-
quise.

Jusque-là, c'est-à-dire jusqu'à ce

que ma fille fut avec moi à Paris,
j'avais vécu d'une manière moins
facile et même d'une manière très-
inusitée, mais qui allait pourtant
très-directement à mon but.

Je ne voulais pas dépasser mon
budget, je ne voulais rien emprun-
ter; ma dette de 5oo francs, la
seule de ma vie, m'avait tant tour-
mentée! Et si M. Dudevant eût refusé de la payer! Il la paya de
bonne grâce; mais je n'avais osé la
lui déclarer qu'étant très-malade et
craignant de mourir *insolvable*. J'allais cherchant de l'ouvrage et n'en
trouvant pas. Je dirai tout à l'heure
où j'en étais de mes chances littéraires. J'avais en *montre* un petit

portrait dans le café du quai Saint-
Michel, dans la maison même, mais
la pratique n'arrivait pas. J'avais *raté*
la ressemblance de ma portière :
cela risquait de me faire bien du
tort dans le quartier.

J'aurais voulu lire, je n'avais pas
de livres de fonds. Et puis c'était
l'hiver, et il n'est pas économique
de garder la chambre quand on
doit compter les bûches. J'essayai de
m'installer à la bibliothèque Maza-
rine; mais il eût mieux valu, je
crois, aller travailler sur les tours
de Notre-Dame, tant il y faisait froid.
Je ne pus y tenir, moi qui suis
l'être le plus frileux que j'aie ja-

mais connu. Il y avait là de vieux
piocheurs, qui s'installaient à une table, immobiles, satisfaits, momifiés,
et ne paraissant pas s'apercevoir que
leurs nez bleus se cristallisaient.
J'enviais cet état de pétrification :
je les regardais s'asseoir et se lever
comme poussés par un ressort, pour
bien m'assurer qu'ils n'étaient pas
en bois.

Et puis encore j'étais avide de
me déprovincialiser et de me mettre au courant des choses, au niveau des idées et des formes de
mon temps. J'en sentais la nécessité,
j'en avais la curiosité; excepté les
œuvres les plus saillantes, je ne

connaissais rien des arts modernes;
j'avais surtout soif du théâtre.

Je savais bien qu'il était impossible à une femme pauvre de se passer ces fantaisies. Balzac disait :
« On ne peut pas être femme à
Paris à moins d'avoir 25 mille
francs de rente. » Et ce paradoxe
d'élégance devenait une vérité pour
la femme qui voulait être artiste.

Pourtant je voyais mes jeunes
amis berrichons, mes compagnons
d'enfance, vivre à Paris avec aussi
peu que moi et se tenir au courant de tout ce qui intéresse la jeunesse intelligente. Les événements
littéraires et politiques, les émotions

des théâtres et des musées, des
clubs et de la rue, ils voyaient
tout, ils étaient partout. J'avais
d'aussi bonnes jambes qu'eux et de
ces bons petits pieds du Berry qui
ont appris à marcher dans les mauvais chemins, en équilibre sur de
gros sabots. Mais sur le pavé de
Paris, j'étais comme un bateau sur
la glace. Les fines chaussures cra-
quaient en deux jours, les socques
me faisaient tomber, je ne savais
pas relever ma robe. J'étais crottée,
fatiguée, enrhumée, et je voyais
chaussures et vêtements, sans compter les petits chapeaux de velours
arrosés par les gouttières, s'en aller
en ruine avec une rapidité ef-
frayante.

J'avais fait déjà ces remarques et ces
expériences avant de songer à m'établir à Paris, et j'avais posé ce problème à ma mère, qui y vivait très-élé-
gante et très-aisée avec 3,500 francs
de rente : comment suffire à la plus
modeste toilette dans cet affreux
climat, à moins de vivre enfermée
dans sa chambre sept jours sur
huit? Elle m'avait répondu : « C'est
très-possible à mon âge et avec
mes habitudes; mais quand j'étais
jeune et que ton père manquait
d'argent, il avait imaginé de m'ha-
biller en garçon. Ma sœur en fit
autant, et nous allions partout à
pied avec nos maris, au théâtre, à
toutes les places. Ce fut une économie de moitié dans nos ménages. »

Cette idée me parut d'abord di-
vertissante et puis très-ingénieuse.
Ayant été habillée en garçon durant
mon enfance, ayant ensuite chassé
en blouse et en guêtres avec Deschartres, je ne me trouvai pas étonnée du tout de reprendre un costume qui n'était pas nouveau pour
moi. A cette époque, la mode ai-
dait singulièrement au déguisement.
Les hommes portaient de longues
redingotes carrées, dites à la *propriétaire*, qui tombaient jusqu'aux
talons et qui dessinaient si peu la
taille que mon frère, en endossant
la sienne à Nohant, m'avait dit
en riant : « C'est très-joli, cela,
n'est-ce pas? C'est la mode, et ça
ne gêne pas. Le tailleur prend me-

sure sur une guérite, et ça irait à
ravir à tout un régiment. »

Je me fis donc faire une *redin-
gote-guérite* en gros drap gris, pan-
talon et gilet pareils. Avec un chapeau gris et une grosse cravate de
laine, j'étais absolument un petit
étudiant de première année. Je ne
peux pas dire quel plaisir me firent
mes bottes : j'aurais volontiers
dormi avec, comme fit mon frère
dans son jeune âge, quand il chaussa
la première paire. Avec ces petits
talons ferrés, j'étais solide sur le
trottoir. Je voltigeais d'un bout de
Paris à l'autre. Il me semblait que
j'aurais fait le tour du monde. Et
puis, mes vêtements ne craignaient

rien. Je courais par tous les temps,
je revenais à toutes les heures, j'allais au parterre de tous les théâtres. Personne ne faisait attention à
moi et ne se doutait de mon déguisement. Outre que je le portais
avec aisance, l'absence de coquette-
rie du costume et de la physionomie écartait tout soupçon. J'étais
trop mal vêtue, et j'avais l'air trop
simple (mon air habituel, distrait
et volontiers hébété) pour attirer
ou fixer les regards. Les femmes
savent peu se déguiser, même sur
le théâtre. Elles ne veulent pas sacrifier la finesse de leur taille, la
petitesse de leurs pieds, la gentil-
lesse de leurs mouvements, l'éclat
de leurs yeux; et c'est par tout

cela pourtant, c'est par le regard
surtout qu'elles peuvent arriver à
n'être pas facilement devinées. Il y
a une manière de se glisser partout
sans que personne détourne la tête,
et de parler sur un diapason bas
et sourd qui ne résonne pas en
flûte aux oreilles qui peuvent vous
entendre. Au reste, pour n'être pas
remarquée en *homme*, il faut avoir
déjà l'habitude de ne pas se faire
remarquer en *femme*.

Je n'allais jamais seule au parterre, non pas que j'y aie vu les
gens plus ou moins mal appris
qu'ailleurs, mais à cause de la claque payée et non payée, qui à

cette époque était fort querelleuse.
On se bousculait beaucoup aux premières représentations, et je n'étais
pas de force à lutter contre la
foule. Je me plaçais toujours au
centre du petit bataillon de mes
amis berrichons, qui me proté-
geaient de leur mieux. Un jour
pourtant, que nous étions près du
lustre, et qu'il m'arriva de bâiller
sans affectation, mais naïvement
et sincèrement, les *romains* voulurent me faire un mauvais parti.
Ils me traitèrent de garçon perru-
quier. Je m'aperçus alors que j'é-
tais très-colère et très-mauvaise tête
quand on me cherchait noise, et
si mes amis n'eussent été en nombre pour imposer à la claque, je

crois bien que je me serais fait assommer.

Je raconte là un temps très-passager et très-accidentel dans ma vie, bien qu'on ait dit que j'avais passé plusieurs années ainsi, et que, dix ans plus tard, mon fils encore imberbe ait été souvent pris pour moi. Il s'est amusé de ces *quiproquos*, et puisque je suis sur ce chapitre, je m'en rappelle plusieurs qui me sont propres et qui datent de 1831.

Je dînais alors chez Pinson, restaurateur, rue de l'Ancienne-Comédie. Un de mes amis m'ayant appelée madame devant lui, il crut

devoir en faire autant. « Eh non,
lui dis-je, vous êtes du secret, ap-
pelez-moi monsieur. » Le lendemain, je n'étais pas déguisée, il
m'appela monsieur. Je lui en fis
reproche, mais ce fréquent changement de costume ne put jamais
s'arranger avec les habitudes de son
langage. Il ne s'était pas plus tôt
accoutumé à dire monsieur que je
reparaissais en femme, et il n'arrivait à dire madame que le jour
où je redevenais monsieur. Ce brave
et honnête père Pinson! il était
l'ami de ses clients, et quand ils
n'avaient pas de quoi payer, non-
seulement il attendait, mais encore
il leur ouvrait sa bourse. Pour
moi, bien que j'aie fort peu mis

son obligeance à contribution, j'ai toujours été reconnaissante de sa confiance comme d'un service rendu.

Planet avait formé un petit club berrichon où, pour une très-modique rétribution mensuelle, on pouvait lire les journaux et travailler dans un local passablement chauffé. Un jour que j'étais montée là pour lui parler, Émile Paultre, un Nivernais de nos amis, qui ne me connaissait pas encore, entra et prit part à la conversation. Le lendemain, je dînais avec Planet chez Pinson. Je n'étais pas déguisée. Paultre entra, et je dis à Planet de l'appeler auprès de nous pour voir s'il me reconnaîtrait. Comme il

n'en faisait pas mine, Planet, voulant voir si c'était par discrétion,
lui demanda s'il savait le nom du
petit garçon de la veille. « Ma foi
non, répondit-il. Qui est-ce? —
C'est *un tel* de la Châtre. — Ça
m'est égal, reprit l'autre; c'est un
petit pédant qui m'a semblé insupportable. — Pourquoi? lui demandai-je à mon tour. A-t-il dit
quelque sottise? — Non, mais il
avait trop raison pour son âge. Si
j'avais quinze ans, je pourrais trouver que Planet se trompe quelquefois, mais je ne me permettrais
pas de le lui dire. » Je ne pus
m'empêcher de rire. Il me regarda
avec étonnement, puis, tout hon-
teux : « Ah! madame, s'écria-t-il,

je vous demande pardon! Ce jeune
homme est votre frère; car vous
lui ressemblez extraordinairement.
Eh bien, après tout, qu'ai-je dit?
Il est très-gentil, ce garçon-là, seulement il a trop d'aplomb, mais
ça se passera.

» C'est égal, dit-il à Planet en sortant. J'ai fait une gaucherie. Cette
dame m'en voudra. » Planet, autorisé
par moi, voulut le tranquilliser en
lui disant que le frère et la sœur
étaient une seule et même personne. Il n'en voulut rien croire et
se fâcha presque de ce qu'il prenait pour une mystification.

Nous avons été liés d'amitié de-

puis. C'est un digne et pur caractère, un esprit sérieux et une intelligence élevée.

Mais c'est à la première représentation de la *Reine d'Espagne*, de
Delatouche, que j'eus la comédie
pour mon propre compte.

J'avais des billets d'auteur, et
cette fois je me prélassais au balcon, dans ma redingote grise, au-
dessous d'une loge où mademoiselle
Leverd, une actrice de grand talent, qui avait été jolie, mais que
la petite vérole avait défigurée, éta-
lait un superbe bouquet qu'elle laissa
tomber sur mon épaule. Je n'étais
pas dans mon rôle au point de le

ramasser. « Jeune homme, me dit-
elle d'un ton majestueux, mon bouquet! Allons donc! » Je fis la sourde
oreille. « Vous n'êtes guère ga-
lant, me dit un vieux monsieur qui
était à côté de moi, et qui s'élança
pour ramasser le bouquet. A votre
âge, je n'aurais pas été si distrait. »
Il présenta le bouquet à mademoiselle Leverd, qui s'écria en gras-
seyant : « Ah vraiment, c'est vous,
monsieur Rollinat? » Et ils causèrent
ensemble de la pièce nouvelle.
« Bon, pensai-je, me voilà auprès
d'un compatriote qui me reconnaît
peut-être, bien que je ne me sou-
vienne pas de l'avoir jamais vu. »
M. Rollinat le père était le premier avocat de notre département.

Pendant qu'il causait avec mademoiselle Leverd, M. Duris-Dufresne,
qui était à l'orchestre, monta au
balcon pour me dire bonjour. Il
m'avait déjà vue déguisée, et s'as-
seyant un instant à la place vide de
M. Rollinat, il me parla, je m'en
souviens, de la Fayette, avec qui il
voulait me faire faire connaissance.
M. Rollinat revint à sa place et ils
se parlèrent à voix basse; puis le
député se retira en me saluant avec
un peu trop de déférence pour le
costume que je portais. Heureusement l'avocat n'y fit pas attention
et me dit en se rasseyant : « Ah
çà, il paraît que nous sommes compatriotes? Notre député vient de
me dire que vous étiez un jeune

homme très-distingué. Pardon, moi,
j'aurais dit un enfant. Quel âge
avez-vous donc? quinze ans, seize
ans? — Et vous, monsieur, lui dis-
je, vous qui êtes un avocat très-
distingué, quel âge avez-vous donc?
— Oh, moi! reprit-il en riant, j'ai
passé la septantaine. — Eh bien,
vous êtes comme moi, vous ne pa-
raissez pas avoir votre âge. »

La réponse lui fut agréable, et la
conversation s'engagea. Quoique j'aie
toujours eu fort peu d'esprit, si
peu qu'en ait une femme, elle en
a toujours plus qu'un collégien. Le
bon père Rollinat fut si frappé de
ma *haute intelligence* qu'à plusieurs
reprises il s'écria : « Singulier, sin-

gulier!» La pièce tomba violemment,
malgré un feu roulant d'esprit, des
situations charmantes et un dialo-
gue tout inspiré de la verve de
Molière; mais il est certain que le
sujet de l'intrigue et la crudité des
détails étaient un anachronisme. Et
puis, la jeunesse était romantique.
Delatouche avait mortellement blessé
ce que l'on appelait alors la *pléiade*
en publiant un article intitulé la
Camaraderie; moi seule peut-être
dans la salle, j'aimais à la fois
Delatouche et les romantiques.

Dans les entr'actes, je causai jusqu'à la fin avec le vieil avocat, qui
jugeait bien et sainement le fort et
le faible de la pièce. Il aimait à

parler et s'écoutait lui-même plus
volontiers que les autres. Content
d'être compris, il me prit en amitié, me demanda mon nom et m'engagea à l'aller voir. Je lui dis un
nom en l'air qu'il s'étonna de ne
pas connaître, et lui promis de le
voir en Berry. Il conclut en me
disant : « M. Dufresne ne m'avait pas
trompé : vous êtes un enfant re-
marquable. Mais je vous trouve faible sur vos études classiques. Vous
me dites que vos parents vous ont
élevé à la maison et que vous n'a-
vez fait ni ne comptez faire vos
classes. Je vois bien que cette édu-
cation-là a son bon côté : vous
êtes artiste, et, sur tout ce qui est
idée ou sentiment, vous en savez

plus long que votre âge ne le comporte. Vous avez une convenance
et des habitudes de langage qui
me font croire que vous pourrez
un jour écrire avec succès. Mais,
croyez-moi, faites vos études classiques. Rien ne remplace ce fonds-là.
J'ai douze enfants. J'ai mis tous mes
garçons au collége. Il n'y en a pas
un qui ait votre précocité de jugement, mais ils sont tous capables
de se tirer d'affaire dans les diverses professions que la jeunesse
peut choisir; tandis que vous, vous
êtes forcé d'être artiste et rien autre chose. Or, si vous échouez dans
l'art, vous regretterez beaucoup de
n'avoir pas reçu l'éducation commune. »

J'étais persuadée que ce brave
homme n'était pas la dupe de mon
déguisement et qu'il s'amusait avec
esprit à me pousser dans mon rôle.
Cela me faisait l'effet d'une conversation de bal masqué, et je me don-
nais si peu de peine pour soutenir
la fiction, que je fus fort étonnée
d'apprendre plus tard qu'il y avait
été de la meilleure foi du monde.

L'année suivante, M. Dudevant me
présenta François Rollinat, qu'il avait
invité à venir passer quelques jours
à Nohant, et à qui je demandai
d'interroger son père sur un petit
bonhomme avec lequel il avait
causé avec beaucoup de bonté à la
première et dernière représentation

14.

de la *Reine d'Espagne.* « Eh! précisément, répondit Rollinat, mon père
nous parlait l'autre jour de cette
rencontre à propos de l'éducation
en général. Il disait avoir été
frappé de l'aisance d'esprit et des
manières des jeunes gens d'aujour-
d'hui, d'un, entre autres, qui lui
avait parlé de toutes choses comme
un petit docteur, tout en lui avouant
qu'il ne savait ni latin ni grec, et
qu'il n'étudiait ni droit ni méde-
cine. — Et votre père ne s'est pas
avisé de penser que ce petit docteur
pouvait bien être une femme? —
Vous peut-être? s'écria Rollinat.
— Précisément! — Eh bien! de
toutes les conjectures auxquelles
mon père s'est livré, en s'enqué-

rant en vain du fils de famille que
vous pouviez être, voilà la seule
qui ne se soit présentée ni à lui
ni à nous. Il a été cependant frappé
et intrigué, il cherche encore, et je
veux me bien garder de le détrom-
per. Je vous demande la permission
de vous le présenter sans l'avertir
de rien. — Soit! mais il ne me re-
connaîtra pas, car il est probable
qu'il ne m'a pas regardée. »

Je me trompais; M. Rollinat avait
si bien fait attention à ma figure
qu'en me voyant il fit un saut sur
ses jambes grêles et encore lestes,
en s'écriant : « Oh! ai-je été assez
bête! »

Nous fûmes dès lors comme des
amis de vingt ans, et puisque je
tiens ce personnage, je parlerai ici
de lui et de sa famille, bien que
tout cela pousse mon récit un peu
en avant de la période où je le laisse
un moment pour le reprendre tout
à l'heure.

M. Rollinat le père, malgré sa
théorie sur l'éducation classique,
était artiste de la tête aux pieds,
comme le sont, au reste, tous les
avocats un peu éminents. C'était un
homme de sentiment et d'imagination, fou de poésie, très-poëte et
pas mal fou lui-même, bon comme
un ange, enthousiaste, prodigue,
gagnant avec ardeur une fortune

pour ses douze enfants, mais la
mangeant à mesure sans s'en apercevoir; les idolâtrant, les gâtant et
les oubliant devant la table de jeu,
où, gagnant et perdant tour à tour,
il laissa son reste avec sa vie.

Il était impossible de voir un
vieillard plus jeune et plus vif, bu-
vant sec et ne se grisant jamais,
chantant et folâtrant avec la jeunesse sans jamais se rendre ridicule, parce qu'il avait l'esprit chaste
et le cœur naïf; enthousiaste de
toutes les choses d'art, doué d'une
prodigieuse mémoire et d'un goût
exquis, c'était à coup sûr une des
plus heureuses organisations que le
Berry ait produites.

Il n'épargna rien pour l'éducation
de sa nombreuse famille. L'aîné fut
avocat, un autre missionnaire, un
troisième savant, un autre militaire,
les autres artistes et professeurs, les
filles comme les garçons. Ceux que
j'ai connus plus particulièrement
sont François, Charles et Marie-
Louise. Cette dernière a été gou-
vernante de ma fille pendant un
an. Charles, qui avait un admirable
talent, une voix magnifique, un esprit charmant comme son caractère, mais dont l'âme fière et contemplative ne voulut jamais se livrer
à la foule, a été se fixer en Russie,
où il a fait successivement plusieurs
éducations chez de grands personnages.

François avait terminé ses études
de bonne heure. A vingt-deux ans,
reçu avocat, il vint exercer à Châ-
teauroux. Son père lui céda son
cabinet, estimant lui donner une
fortune, et ne doutant pas qu'il ne
pût facilement faire face à tous les
besoins de la famille avec un beau
talent et une belle clientèle. En
conséquence, il ne se tourmenta
plus de rien, et mourut en jouant
et en riant, laissant plus de dettes
que de bien, et toute la famille à
élever ou à établir.

François a porté cette charge effroyable avec la patience du bœuf
berrichon. Homme d'imagination et
de sentiment, lui aussi, artiste

comme son père, mais philosophe
plus sérieux, il a, dès l'âge de
vingt-deux ans, absorbé sa vie, sa
volonté, ses forces, dans l'aride
travail de la procédure pour faire
honneur à tous ses engagements et
mener à bien l'existence de sa mère
et de onze frères et sœurs. Ce qu'il
a souffert de cette abnégation, de
ce dégoût d'une profession qu'il n'a
jamais aimée, et où le succès de
son talent n'a jamais pu réussir à
le griser, de cette vie étroite, re-
foulée, assujettie, des tracasseries
du présent, des inquiétudes de l'a-
venir, du ver rongeur de la dette
sacrée, nul ne s'en est douté, quoique le souci et la fatigue l'aient
écrit sur sa figure assombrie et

préoccupée. Lourd et distrait à l'habitude, Rollinat ne se révèle que par éclairs, mais alors c'est l'esprit le plus net, le tact le plus sûr, la pénétration la plus subtile, et quand il est retiré et bien caché dans l'intimité, quand son cœur satisfait ou soulagé permet à son esprit de s'égayer, c'est le fantaisiste le plus inouï, et je ne connais rien de désopilant comme ce passage subit d'une gravité presque lugubre à une verve presque délirante.

Mais tout ce que je raconte là ne dit pas et ne saurait dire les trésors d'exquise bonté, de candeur généreuse et de haute sagesse que renferme, à l'insu d'elle-même, cette

âme d'élite. Je sus l'apprécier à première vue, et c'est par là que j'ai
été digne d'une amitié que je place
au nombre des plus précieuses bé-
nédictions de ma destinée. Outre les
motifs d'estime et de respect que
j'avais pour ce caractère éprouvé
par tant d'abnégation et de simplicité dans l'héroïsme domestique,
une sympathie particulière, une
douce entente d'idées, une conformité, ou, pour mieux dire, une
similitude extraordinaire d'appréciation de toutes choses, nous révé-
lèrent l'un à l'autre ce que nous
avions rêvé de l'amitié parfaite, un
sentiment à part de tous les autres
sentiments humains par sa sainteté
et sa sérénité.

Il est bien rare qu'entre un homme
et une femme, quelque pensée plus
vive que ne le comporte le lien
fraternel ne vienne jeter quelque
trouble, et souvent l'amitié fidèle
d'un homme mûr n'est pour nous
que la générosité d'une passion vain-
cue dans le passé. Une femme chaste
et sincère échappe vite à ce danger, et l'homme qui ne lui pardonne
pas de n'avoir pas partagé ses agitations secrètes n'est pas digne du
bienfait de l'amitié. Je dois dire
qu'en général j'ai été heureuse sous
ce rapport, et que, malgré la confiance romanesque dont on m'a souvent raillée, j'ai eu, en somme,
l'instinct de découvrir les belles
âmes et d'en conserver l'affection.

Je dois dire aussi que, n'étant pas
du tout coquette, ayant même une
sorte d'horreur pour cette étrange
habitude de provocation dont ne se
défendent pas toutes les femmes
honnêtes, j'ai rarement eu à lutter
contre l'amour dans l'amitié. Aussi,
quand il a fallu l'y découvrir, je ne
l'ai jamais trouvé offensant, parce
qu'il était sérieux et respectueux.

Quant à Rollinat, il n'est pas le
seul de mes amis qui m'ait fait, du
premier jour jusqu'à celui-ci, l'honneur de ne voir en moi qu'un frère.
Je leur ai toujours avoué à tous
que j'avais pour lui une sorte de pré-
férence inexplicable. D'autres m'ont,
autant que lui, respectée dans leur

esprit et servie de leur dévouement,
d'autres que le lien des souvenirs
d'enfance devrait pourtant me rendre plus précieux : ils ne me le sont
pas moins; mais c'est parce que je
n'ai pas ce lien avec Rollinat, c'est
parce que notre amitié n'a que
vingt-cinq ans de date, que je dois
la considérer comme plus fondée
sur le choix que sur l'habitude. C'est
d'elle que je me suis souvent plu à
dire avec Montaigne :

« Si on me presse de dire pour-
» quoy je l'aime, je sens que cela
» ne se peut exprimer qu'en res-
» pondant : Parce que c'est luy, parce
» que c'est moy. Il y a au delà de

» tout mon discours et de ce que
» j'en puis dire particulièrement je
» ne sçay quelle force inexplicable
» et fatale, médiatrice de cette union.
» Nous nous cherchions avant que
» de nous estre veus et par des
» rapports que nous oyïons l'un de
» l'autre qui faisoient en notre af-
» fection plus d'effort que ne porte
» la raison des rapports. Et à
» notre première rencontre, nous
» nous trouvâmes si pris, si cognus,
» si obligez entre nous, que rien
» dès lors ne nous fut si proche
» que l'un à l'autre. Ayant si tard
» commencé, nostre intelligence n'a-
» voit point à perdre tems et n'a-
» voit à se reigler au patron des
» amitiés régulières auxquelles il

» faut tant de précautions de lon-
» gue et préalable conversation. »

Dès ma jeunesse, dès mon enfance, j'avais eu le rêve de l'amitié
idéale, et je m'enthousiasmais pour
ces grands exemples de l'antiquité,
où je n'entendais pas malice. Il me
fallut, dans la suite, apprendre qu'elle
était accompagnée de cette dévia-
tion insensée ou maladive dont Ci-
céron disait : *Quis est enim iste amor
amicitiæ?* Cela me causa une sorte
de frayeur, comme tout ce qui porte
le caractère de l'égarement et de la
dépravation. J'avais vu des héros si
purs, et il me fallait les concevoir si
dépravés ou si sauvages! Aussi fus-je
saisie de dégoût jusqu'à la tristesse

XVI.   15

quand, à l'âge où l'on peut tout
lire, je compris toute l'histoire d'A-
chille et de Patrocle, d'Harmodius
et d'Aristogiton. Ce fut justement le
chapitre de Montaigne sur l'amitié
qui m'apporta cette désillusion, et
dès lors ce même chapitre si chaste
et si ardent, cette expression mâle
et sainte d'un sentiment élevé jusqu'à
la vertu, devint une sorte de loi
sacrée applicable à une aspiration
de mon âme.

J'étais pourtant blessée au cœur
du mépris que mon cher Montaigne
faisait de mon sexe quand il disait :
« A dire vray, la suffisance ordi-
» naire des femmes n'est pas pour
» respondre à cette conférence et

» communication nourrisse de cette
» sainte cousture : ny leur âme ne
» semble assez ferme pour soustenir
» l'estreinte d'un nœud si pressé et
» si durable. »

En méditant Montaigne dans le
jardin d'Ormesson, je m'étais souvent sentie humiliée d'être femme,
et j'avoue que dans toute lecture
d'enseignement philosophique, même
dans les livres saints, cette infério-
rité morale attribuée à la femme a
révolté mon jeune orgueil. « Mais
cela est faux! m'écriais-je; cette inep-
tie et cette frivolité que vous nous
jetez à la figure, c'est le résultat de
la mauvaise éducation à laquelle

15.

vous nous avez condamnées, et vous
aggravez le mal en le constatant.
Placez-nous dans de meilleures conditions, placez-y les hommes aussi;
faites qu'ils soient purs, sérieux et
forts de volonté, et vous verrez bien
que nos âmes sont sorties semblables des mains du Créateur. »

Puis, m'interrogeant moi-même et
me rendant bien compte des alter-
natives de langueur et d'énergie,
c'est-à-dire de l'irrégularité de mon
organisation essentiellement fémi-
nine, je voyais bien qu'une éducation rendue un peu différente de
celle des autres femmes par des circonstances fortuites avait modifié

mon être; que mes petits os s'étaient
endurcis à la fatigue, ou bien que
ma volonté, développée par les théo-
ries stoïciennes de Deschartres d'une
part et les mortifications chrétien-
nes de l'autre, s'était habituée à
dominer souvent les défaillances de
la nature. Je sentais bien aussi que
la stupide vanité des parures, pas
plus que l'impur désir de plaire à
tous les hommes, n'avaient de prise
sur mon esprit, formé au mépris de
ces choses par les leçons et les
exemples de ma grand'mère. Je n'é-
tais donc pas tout à fait une femme
comme celles que censurent et rail-
lent les moralistes; j'avais dans l'âme
l'enthousiasme du beau, la soif du
vrai, et pourtant j'étais bien une

femme comme toutes les autres, souf-
freteuse, nerveuse, dominée par l'i-
magination, puérilement accessible
aux attendrissements et aux inquiétudes de la maternité. Cela devait-il
me reléguer à un rang secondaire
dans la création et dans la famille?
Cela étant réglé par la société, j'a-
vais encore la force de m'y soumet-
tre patiemment ou gaiement. Quel
homme m'eût donné l'exemple de ce
secret héroïsme qui n'avait que Dieu
pour confident des protestations de
la dignité méconnue?

Que la femme soit différente de
l'homme, que le cœur et l'esprit
aient un sexe, je n'en doute pas.
Le contraire fera toujours excep-

tion; même en supposant que notre éducation fasse les progrès né-
cessaires (je ne la voudrais pas
semblable à celle des hommes), la
femme sera toujours plus artiste et
plus poëte dans sa vie, l'homme le
sera toujours plus dans son œuvre.
Mais cette différence, essentielle
pour l'harmonie des choses et pour
les charmes les plus élevés de l'a-
mour, doit-elle constituer une in-
fériorité morale? Je ne parle pas ici
socialisme : au temps où cette question fondamentale commença à me
préoccuper, je ne savais ce que
c'était que le socialisme. Je dirai
plus tard en quoi et pourquoi
mon esprit s'est refusé à le suivre
sur la voie de prétendu affranchis-

sement où certaines opinions ont
fait dévier, selon moi, la théorie
des véritables instincts et des nobles destinées de la femme : mais
je philosophais dans le secret de
ma pensée, et je ne voyais pas que
la vraie philosophie fût trop grande
dame pour nous admettre à l'éga-
lité dans son estime, comme le vrai
Dieu nous y admet dans les pro-
messes du ciel.

J'allais donc nourrissant le rêve
des mâles vertus auxquelles les
femmes peuvent s'élever, et à toute
heure j'interrogeais mon âme avec
une naïve curiosité pour savoir si
elle avait la puissance de son aspiration et si la droiture, le désinté-

ressement, la discrétion, la persévérance dans le travail, toutes les
forces enfin que l'homme s'attribue
exclusivement étaient interdites en
pratique à un cœur qui en accep-
tait ardemment et passionnément le
précepte. Je ne me sentais ni perfide, ni vaine, ni bavarde, ni
paresseuse, et je me demandais
pourquoi Montaigne ne m'eût pas
aimée et respectée à l'égal d'un
frère, à l'égal de son cher de la
Boétie.

En méditant aussi ce passage sur
l'absorption rêvée par lui, mais par
lui déclarée impossible, de l'être
tout entier dans l'*amor amicitiæ*, entre l'homme et la femme, je crus

avec lui longtemps que les transports
et les jalousies de l'amour étaient
inconciliables avec la divine sérénité
de l'amitié, et, à l'époque où je
connus Rollinat, je cherchais l'amitié
sans l'amour, comme un refuge et
un sanctuaire où je pusse oublier
l'existence de toute affection ora-
geuse et navrante. De douces et
fraternelles amitiés m'entouraient
déjà de sollicitudes et de dévouements dont je ne méconnaissais pas
le prix : mais, par une combinai-
son sans doute fortuite de circonstances, aucun de mes anciens amis,
homme ou femme, n'était précisément d'âge à me bien connaître et
à me bien comprendre, les uns
pour être trop jeunes, les autres

pour être trop vieux. Rollinat, plus
jeune que moi de quelques années,
ne se trouva pas différent de moi
pour cela. Une fatigue extrême de
la vie l'avait déjà placé à un point
de vue de désespérance, tandis
qu'un enthousiasme invincible pour
l'idéal le conservait vivant et agité
sous le poids de la résignation absolue aux choses extérieures. Le
contraste de cette vie intense, brûlant sous la glace, ou plutôt sous sa
propre cendre, répondait à ma propre situation, et nous fûmes éton-
nés de n'avoir qu'à regarder chacun
en soi-même pour nous connaître à
l'état philosophique. Les habitudes
de la vie étaient autres à la surface; mais il y avait une ressem-

blance d'organisation qui rendit notre mutuel commerce aussi facile
dès l'abord que s'il eût été fondé
sur l'habitude : même manie d'analyse, même scrupule de jugement,
allant jusqu'à l'indécision, même
besoin de la notion du souverain
bien, même absence de la plupart
des passions et des appétits qui
gouvernent ou accidentent la vie
de la plupart des hommes; par
conséquent même rêverie inces-
sante, mêmes accablements pro-
fonds, mêmes gaietés soudaines,
même innocence de cœur, même
incapacité d'ambition, mêmes pa-
resses princières de la fantaisie aux
moments dont les autres profitent
pour mener à bien leur gloire et

leur fortune, même satisfaction
triomphante à l'idée de se croiser
les bras devant toute chose répu-
tée sérieuse qui nous paraissait
frivole et en dehors des devoirs
admis par nous comme sérieux;
enfin mêmes qualités ou mêmes
défauts, mêmes sommeils et mêmes
réveils de la volonté.

Le devoir nous a jetés cependant
tout entiers dans le travail, pieds
et poings liés, et nous y sommes
restés avec une persistance invincible, cloués par ces devoirs acceptés
sans discussion. D'autres caractères,
plus brillants et plus actifs en apparence, m'ont souvent prêché le
courage. Rollinat ne m'a jamais

prêché que d'exemple, sans se dou-
ter même de la valeur et de l'effet
de cet exemple. Avec lui et pour
lui, je fis le code de la véritable et
saine amitié, d'une amitié à la
Montaigne, toute de choix, d'élec-
tion et de perfection. Cela ressem-
bla d'abord à une convention romanesque, et cela a duré vingt-cinq
ans, sans que la *sainte cousture* des
âmes se soit relâchée un seul instant, sans qu'un doute ait effleuré
la foi absolue que nous avons l'un
dans l'autre, sans qu'une exigence,
une préoccupation personnelle ait
rappelé à l'un ou à l'autre qu'il
était un être à part, une existence
différente de l'âme unique en deux
personnes.

D'autres attachements ont pris
cependant la vie tout entière de
chacun de nous, des affections plus
complètes, eu égard aux lois de la
vie réelle, mais qui n'ont rien ôté
à l'union tout immatérielle de nos
cœurs. Rien dans cette union paisible et pour ainsi dire paradisia-
que ne pouvait rendre jalouses ou
inquiètes les âmes associées à notre
existence plus intime. L'être que
l'un de nous préférait à tous les
autres devenait aussitôt cher et sacré à l'autre et sa plus douce société. Enfin, cette amitié est restée
digne des plus beaux romans de la
chevalerie. Bien qu'elle n'ait jamais
rien *posé*, elle en a, elle en aura toujours la grandeur en nous-mêmes,

et ce pacte de deux cerveaux enthousiastes a pris toute la consis-
tance d'une certitude religieuse. Fondée sur l'estime, dans le principe,
elle a passé dans les entrailles à
ce point de n'avoir plus besoin
d'estime mutuelle, et s'il était possible que l'un de nous deux arrivât
à l'aberration de quelque vice ou
de quelque crime, il pourrait se
dire encore qu'il existe sur la terre
une âme pure et saine qui ne se
détacherait pas de lui.

Je me souviens en ce moment
d'une circonstance où un autre de
mes amis l'accusa vivement auprès
de moi d'un tort sérieux. Cela n'a-
vait rien de fondé, et je ne sus

que hausser les épaules; mais quand
je vis que la prévention s'obstinait
contre lui, je ne pus m'empêcher
de dire avec impatience : « Eh
bien! quand cela serait? Du moment que c'est lui, c'est bien. Ça
m'est égal. »

Plus souvent accusée que lui,
parce que j'ai eu une existence plus
en vue, je suis certaine qu'il a dû
plus d'une fois répondre à propos
de moi comme j'ai fait à propos
de lui. Il n'est pas un seul autre
de mes amis qui n'ait discuté avec
moi sur quelque opinion ou quelque fait personnel, et qui, par
conséquent, ne m'ait parfois dis-
cutée vis-à-vis de lui-même. C'est

un droit qu'il faut reconnaître à
l'amitié dans les conditions ordinai-
res de la vie et qu'elle regarde
souvent comme un devoir; mais là
où ce droit n'a pas été réservé, pas
même prévu par une confiance
sans limites, là où ce devoir dispa-
raît dans la plénitude d'une foi ardente, là seulement est la grande,
l'idéale amitié. Or, j'ai besoin d'i-
déal. Que ceux qui n'en ont que
faire s'en passent.

Mais vous qui flottez encore entre la mesure de poésie et de réalité que la sagesse peut admettre,
vous pour qui j'écris et à qui j'ai
promis de dire des choses utiles, à
l'occasion, vous me pardonnerez

cette longue digression en faveur
de la conclusion qu'elle amène et
que voici :

Oui, il faut poétiser les beaux
sentiments dans son âme et ne pas
craindre de les placer trop haut
dans sa propre estime. Il ne faut
pas confondre tous les besoins de
l'âme dans un seul et même appétit
de bonheur qui nous rendrait volontiers égoïstes. L'amour idéal.....
je n'en ai pas encore parlé, il n'est
pas temps encore, — l'amour idéal
résumerait tous les plus divins sentiments que nous pouvons concevoir, et pourtant il n'ôterait rien
à l'amitié idéale. L'amour sera toujours de l'égoïsme à deux, parce

16.

qu'il porte avec lui des satisfactions
infinies. L'amitié est plus désinté-
ressée, elle partage toutes les peines
et non tous les plaisirs. Elle a
moins de racines dans la réalité,
dans les intérêts, dans les enivre-
ments de la vie. Aussi est-elle plus
rare, même à un état très-impar-
fait, que l'amour à quelque état
qu'on le prenne. Elle paraît cependant bien répandue, et le nom d'ami
est devenu si commun qu'on peut
dire *mes amis* en parlant de deux
cents personnes. Ce n'est pas une
profanation, en ce sens qu'on peut
et doit aimer, même particulièrement, tous ceux que l'on connaît
bons et estimables. Oui, croyez-
moi, le cœur est assez large pour

loger beaucoup d'affections, et plus
vous en donnerez de sincères et de
dévouées, plus vous le sentirez
grandir en force et en chaleur. Sa
nature est divine, et plus vous le
sentez parfois affaissé et comme
mort sous le poids des déceptions,
plus l'accablement de sa souffrance
atteste sa vie immortelle. N'ayez
donc pas peur de ressentir pleine-
ment les élans de la bienveillance
et de la sympathie, et de subir
les émotions douces ou pénibles
des nombreuses sollicitudes qui ré-
clament les esprits généreux; mais
n'en vouez pas moins un culte à
l'amitié particulière, et ne vous
croyez pas dispensé d'avoir *un ami*,
un ami parfait, c'est-à-dire une

personne que vous aimiez assez
pour vouloir être parfait vous-même
envers elle, une personne qui vous
soit sacrée et pour qui vous soyez
également sacré. Le grand but que
nous devons tous poursuivre, c'est
de tuer en nous le grand mal qui
nous ronge, la personnalité. Vous
verrez bientôt que quand on a
réussi à devenir excellent pour quelqu'un on ne tarde pas à être meilleur pour tout le monde, et si
vous cherchez l'amour idéal, vous
sentirez que l'amitié idéale prépare
admirablement le cœur à en recevoir le bienfait.

CHAPITRE VINGT-SEPTIÈME.

Il n'y a peut-être pas pour moi autant de contraste qu'on croirait à descendre de ces hauteurs du sentiment pour revenir à la vie d'écolier littéraire que j'étais en train de raconter. J'appelais cela crûment alors ma vie de gamin, et il y avait

bien un reste d'aristocratie d'habitudes dans la manière railleuse dont
je l'envisageais; car, au fond, mon
caractère se formait, et la vie réelle
se révélait à moi sous cet habit
d'emprunt qui me permettait d'être
assez homme pour voir un milieu
à jamais fermé sans cela à la cam-
pagnarde engourdie que j'avais été
jusqu'alors. Je regardai à cette époque dans les arts et dans la politique, non plus seulement par in-
duction et par déduction, comme
j'aurais fait dans une donnée historique quelconque, mais dans l'histoire et dans le roman de la société
et de l'humanité vivante. Je contem-
plai ce spectacle de tous les points
où je pus me placer, dans les cou-

lisses et sur la scène, aux loges et
au parterre. Je montai à tous les
étages : du club à l'atelier, du café
à la mansarde. Il n'y eut que les
salons où je n'eus que faire. Je connaissais le monde intermédiaire entre l'artisan et l'artiste. Je l'avais cependant peu fréquenté dans ses
réunions, et je m'étais toujours sau-
vée autant que possible de ses fêtes,
qui m'ennuyaient au delà de mes
forces; mais je connaissais sa vie
intérieure, elle n'avait plus rien à
me révéler.

Des gens charitables, toujours
prêts à avilir dans leurs sales
pensées la mission de l'artiste, ont
dit qu'à cette époque et plus tard

j'avais eu les curiosités du vice. Ils
en ont menti lâchement : voilà tout
ce que j'ai à leur répondre. Qui-
conque est poëte sait que le poëte
ne souille pas volontairement son
être, sa pensée, pas même son regard, surtout quand ce poëte l'est
doublement par sa qualité de femme.

Bien que cette existence bizarre
n'eût rien que je prétendisse cacher
plus tard, je ne l'adoptai pas sans
savoir quels effets immédiats elle
pouvait avoir sur les convenances
et l'arrangement de ma vie. Mon
mari la connaissait et n'y apportait
ni blâme ni obstacle. Il en était de
même de ma mère et de ma tante.
J'étais donc en règle vis-à-vis des

autorités constituées de ma destinée.
Mais, dans tout le reste du milieu
où j'avais vécu, je devais rencontrer
probablement plus d'un blâme sé-
vère. Je ne voulus pas m'y exposer.
Je vis à faire mon choix et à savoir quelles amitiés me seraient fi-
dèles, quelles autres se scandalise-
raient. A première vue, je triai un
bon nombre de connaissances dont
l'opinion m'était à peu près indiffé-
rente, et à qui je commençai par
ne donner aucun signe de vie. Quant
aux personnes que j'aimais réellement et dont je devais attendre
quelque réprimande, je me décidai
à rompre avec elles sans leur rien
dire. « Si elles m'aiment, pensai-je,
elles courront après moi, et si elles

ne le font pas, j'oublierai qu'elles
existent, mais je pourrai toujours les
chérir dans le passé; il n'y aura
pas eu d'explication blessante entre
nous; rien n'aura gâté le pur souvenir de notre affection. »

Au fait, pourquoi leur en au-
rais-je voulu? Que pouvaient-elles
savoir de mon but, de mon avenir,
de ma volonté? Savaient-elles, savais-je moi-même, en brûlant mes
vaisseaux, si j'avais quelque talent,
quelque persévérance? Je n'avais
jamais dit à personne le mot de
l'énigme de ma pensée, je ne l'a-
vais pas trouvé encore d'une manière certaine; et quand je parlais
d'écrire, c'était en riant et en me

moquant de la chose et de moi-
même.

Une sorte de destinée me poussait cependant. Je la sentais invincible, et je m'y jetais résolûment :
non une grande destinée, j'étais
trop indépendante dans ma fantaisie pour embrasser aucun genre
d'ambition, mais une destinée de
liberté morale et d'isolement poétique, dans une société à laquelle
je ne demandais que de m'oublier
en me laissant gagner sans esclavage le pain quotidien.

Je voulus pourtant revoir une
dernière fois mes plus chères amies
de Paris. J'allai passer quelques

heures à mon couvent. Tout le
monde y était si préoccupé des effets de la révolution de juillet, de
l'absence d'élèves, de la perturbation générale dont on subissait les
conséquences matérielles, que je
n'eus aucun effort à faire pour ne
point parler de moi. Je ne vis
qu'un instant ma bonne mère Alicia.
Elle était affairée et pressée. Sœur
Hélène était en retraite. Poulette
me promenait dans les cloîtres,
dans les classes vides, dans les dor-
toirs sans lits, dans le jardin silen-
cieux, en disant à chaque pas :
« Ça va mal! ça va bien mal! »

Il ne restait plus personne de
mon temps que les religieuses et la

bonne Marie Josèphe, la brusque et rieuse servante qui me sembla la plus cordiale et la seule vivante au milieu de ces âmes préoccupées. Je compris que les nonnes ne peuvent pas et ne doivent pas aimer avec le cœur. Elles vivent d'une idée et n'attachent une véritable importance qu'aux conditions extérieures qui sont le cadre nécessaire à cette idée. Tout ce qui trouble l'arrange- ment d'une méditation qui a besoin d'ordre immuable et de sécurité absolue est un événement terrible, ou tout au moins une crise diffi- cile. Les amitiés du dehors ne peu- vent rien pour elles. Les choses humaines n'ont de valeur à leurs yeux qu'en raison du plus ou moins

d'aide qu'elles apportent à leurs
conditions d'existence exceptionnelle.
Je ne regrettai plus le couvent en
voyant que là l'idéal était soumis
à de telles éventualités. La vie
d'une communauté c'est tout un
monde à immobiliser, et le canon
de juillet ne s'était pas inquiété de
la paix des sanctuaires[1].

[1] Les sanctuaires, d'ailleurs, recèlent des vol-
cans dans leur sein. J'apprends, en relisant ces
lignes, que sœur Hélène a depuis longtemps
quitté le couvent, et qu'elle est allée vivre en
Angleterre, emmenant *Poulette* dans sa tente;
et *Poulette*, après *cinquante ans* de claustra-
tion aux Anglaises, *Poulette*, si aimante et si
aimée, *Poulette*, qui semblait la pierre de fon-
dation et la clef de voûte du monastère, est allée
mourir au loin, brouillée avec toutes les sœurs,

Moi, j'avais l'idéal logé dans un coin de ma cervelle, et il ne me fallait que quelques jours d'entière liberté pour le faire éclore. Je le portais dans la rue, les pieds sur le verglas, les épaules couvertes de neige, les mains dans mes poches, l'estomac un peu creux quelquefois, mais la tête d'autant plus remplie de songes, de mélodies, de couleurs, de formes, de rayons et de fantômes. Je n'étais plus une *dame*, je n'étais pas non plus un *monsieur.* On me poussait sur le trottoir comme une chose qui pouvait gêner les passants affairés. Cela m'é—

brouillée avec Hélène aussi, dont elle avait épousé la querelle !

17.

tait bien égal, à moi qui n'avais
aucune affaire. On ne me connaissait pas, on ne me regardait pas,
on ne me reprenait pas; j'étais un
atome perdu dans cette immense
foule. Personne ne disait comme à
la Châtre : « Voilà madame Aurore
qui passe; elle a toujours le même
chapeau et la même robe; » ni
comme à Nohant : « Voilà not' dame
qui *poste* sur son grand chevau,
faut qu'elle soit dérangée d'esprit
pour *poster* comme ça. » A Paris, on
ne pensait rien de moi, on ne me
voyait pas. Je n'avais aucun besoin
de me presser pour éviter des pa-
roles banales; je pouvais faire tout
un roman, d'une barrière à l'autre,
sans rencontrer personne qui me

dit : « A quoi diable pensez-vous? »
Cela valait mieux qu'une cellule, et
j'aurais pu dire avec *Réné*, mais avec
autant de satisfaction qu'il l'avait dit
avec tristesse, que je me promenais dans le *désert des hommes*.

Après que j'eus bien regardé et
comme qui dirait remâché et sa-
vouré une dernière fois tous les
coins et recoins de mon couvent
et de mes souvenirs chéris, je sortis en me disant que je ne repas-
serais plus cette grille derrière laquelle je laissais mes plus saintes
tendresses à l'état de divinités sans
courroux et d'astres sans nuages;
une seconde visite eût amené des

questions sur mon intérieur, sur
mes projets, sur mes dispositions
religieuses. Je ne voulais pas discuter. Il est des êtres qu'on respecte
trop pour les contredire et de qui
l'on ne veut emporter qu'une tranquille bénédiction.

Je remis mes chères bottes en
rentrant et j'allai voir Debureau
dans la pantomime : un idéal de
distinction exquise servi deux fois
par jour aux *titis* de la ville et de
la banlieue, et cet idéal les pas-
sionnait. Gustave Papet, qui était
le riche, le *milord* de notre asso-
cion berrichonne, paya du sucre
d'orge à tout le parterre, et puis,

comme nous sortions affamés, il emmena souper trois ou quatre d'entre nous aux *Vendanges de Bourgogne*. Tout à coup il lui prit envie d'inviter Debureau, qu'il ne connaissait pas le moins du monde. Il rentre dans le théâtre, le trouve en train d'ôter son costume de Pierrot dans une cave qui lui servait de loge, le prend sous le bras et l'amène. Debureau fut charmant de manières. Il ne se laissa pas tenter par la moindre pointe de champagne, craignant, disait-il, pour ses nerfs et ayant besoin du calme le plus complet pour son jeu. Je n'ai jamais vu d'artiste plus sérieux, plus consciencieux, plus religieux dans son art. Il l'aimait

de passion et en parlait comme
d'une chose grave, tout en parlant
de lui-même avec une extrême
modestie. Il étudiait sans cesse et
ne se blasait pas, malgré un exercice continuel et même excessif. Il
ne s'inquiétait pas si les finesses
admirables de sa physionomie et
son originalité de *composition* étaient
appréciées par des artistes ou sai-
sies par des esprits naïfs. Il tra-
vaillait pour se satisfaire, pour essayer et pour réaliser sa fantaisie,
et cette fantaisie, qui paraissait si
spontanée, était étudiée à l'avance
avec un soin extraordinaire. Je l'é-
coutai avec grande attention : il
ne posait pas du tout, et je voyais
en lui, malgré la bouffonnerie du

genre, un de ces grands artistes qui méritent le titre de *maîtres*. Jules Janin venait de faire alors un petit volume sur cet artiste, un opuscule spirituel, mais qui ne m'avait rien fait pressentir du talent de Debureau. Je lui demandai s'il était satisfait de cette appréciation. « J'en suis reconnaissant, me dit-il. L'intention en est bonne pour moi et l'effet profite à ma réputation : mais tout cela ce n'est pas l'art, ce n'est pas l'idée que j'en ai; ce n'est pas sérieux, et le Debureau de M. Janin n'est pas moi. Il ne m'a pas compris. »

J'ai revu Debureau plusieurs fois depuis et me suis toujours senti

pour le paillasse des boulevards
une grande déférence et comme un
respect dû à l'homme de conviction
et d'étude.

J'assistais, douze ou quinze ans
plus tard, à une représentation à son
bénéfice, à la fin de laquelle il
tomba à faux dans une trappe. J'en-
voyai savoir de ses nouvelles le
lendemain, et il m'écrivit, pour me
dire lui-même que ce n'était rien,
une lettre charmante qui finissait
ainsi : « Pardonnez-moi de ne pas
savoir mieux vous remercier. Ma
plume est comme la voix du personnage muet que je représente ;
mais mon cœur est comme mon
visage, qui exprime la vérité. »

Peu de jours après, cet excellent homme, cet artiste de premier
ordre, était mort des suites de sa
chute.

Après le couvent, j'avais encore
quelque chose à briser, non dans
mon cœur, mais dans ma vie. J'allai voir mes amies Jane et Aimée.
Aimée n'eût pas été l'amie de mon
choix. Elle avait quelque chose de
froid et de sec à l'occasion qui ne
m'avait jamais été sympathique.
Mais, outre qu'elle était la sœur
adorée de Jane, il y avait en elle
tant de qualités sérieuses, une si
noble intelligence, une si grande
droiture et, à défaut de bonté
spontanée, une si généreuse équité

de jugement, que je lui étais réellement attachée. Quant à Jane,
cette douce, cette forte, cette humble, cette angélique nature, aujour-
d'hui comme au couvent, je lui
garde, au fond de l'âme, une tendresse que je ne puis comparer
qu'au sentiment maternel.

Toutes deux étaient mariées. Jane
était mère d'un gros enfant qu'elle
couvait de ses grands yeux noirs
avec une muette ivresse. Je fus
heureuse de la voir heureuse; j'embrassai bien tendrement l'enfant et
la mère, et je m'en allai promet-
tant de revenir bientôt, mais ré-
solue à ne revenir jamais.

Je me suis tenu parole, et je
m'en applaudis. Ces deux jeunes
héritières, devenues comtesses, et
plus que jamais orthodoxes en toutes choses, appartenaient désormais
à un monde qui n'aurait eu pour
ma bizarre manière d'exister que
de la raillerie, et pour l'indépen-
dance de mon esprit que des ana-
thèmes. Un jour fût venu, où il
eût fallu me justifier d'imputations
fausses, ou lutter contre des principes de foi et des idées, de convenances que je ne voulais pas combattre ni froisser dans les autres.
Je savais que l'héroïsme de l'amitié fût resté pur dans le cœur de
Jane; mais on le lui eût reproché,
et je l'aimais trop pour vouloir

apporter un chagrin, un trouble
quelconque dans son existence. Je
ne connais pas cet égoïsme jaloux
qui s'impose et j'ai une logique
invincible pour apprécier les situations qui se dessinent clairement
devant moi. Celle que je me faisais était bien nette. Je choquais
ouvertement la règle du monde. Je
me détachais de lui bien sciemment;
je devais donc trouver bon qu'il
se détachât de moi dès qu'il saurait
mes excentricités. Il ne les savait
pas encore. J'étais trop obscure
pour avoir besoin de mystère. Paris est une mer où les petites bar-
ques passent inaperçues par mil-
liers entre les gros vaisseaux. Mais
le moment pouvait venir où quel-

que hasard me placerait entre des
mensonges que je ne voulais pas
faire et des remontrances que je
ne voulais pas accepter. Les remontrances perdues sont toujours
suivies de refroidissement, et du
refroidissement on va en deux
pas aux ruptures. Voilà ce dont je
ne supportais pas l'idée. Les personnes vraiment fières ne s'y expo-
sent pas; et quand elles sont ai-
mantes, elles ne les provoquent
pas, mais elles les préviennent, et
par là savent les rendre impossi-
bles.

Je retournai sans tristesse à ma
mansarde et à mon utopie, certaine de laisser des regrets et de

bons souvenirs, satisfaite de n'avoir
plus rien de sensible à rompre.

Quant à la baronne Dudevant,
ce fut bien lestement *emballé*,
comme nous disions au quartier
latin. Elle me demanda pourquoi
je restais si longtemps à Paris sans
mon mari. Je lui dis que mon
mari le trouvait bon. « Mais est-il
vrai, reprit-elle, que vous ayez l'intention d'*imprimer* des livres? —
Oui, madame. — *Tè!* s'écria-t-elle
(c'était une locution gasconne qui
signifie *Tiens!* et dont elle avait
pris l'habitude), voilà une drôle
d'idée! — Oui, madame. — C'est bel
et bon, mais j'espère que vous ne

mettrez pas le nom que je porte
sur des *couvertures de livre imprimées?* — Oh! certainement non, madame, il n'y a pas de danger. »
Il n'y eut pas d'autre explication.
Elle partit peu de temps après
pour le Midi, et je ne l'ai jamais
revue.

Le nom que je devais mettre sur
des *couvertures imprimées* ne me
préoccupa guère. En tout état de
choses, j'avais résolu de garder l'a-
nonyme. Un premier ouvrage fut
ébauché par moi, refait en entier
ensuite par Jules Sandeau, à qui
Delatouche fit le nom de Jules
Sand. Cet ouvrage amena un autre
éditeur qui demanda un autre roman

sous le même pseudonyme. J'avais
écrit *Indiana* à Nohant, je voulus le
donner sous le pseudonyme demandé; mais Jules Sandeau, par
modestie, ne voulut pas accepter la
paternité d'un livre auquel il était
complétement étranger. Cela ne faisait pas le compte de l'éditeur. Le
nom est tout pour la vente, et le
petit pseudonyme s'étant bien *écoulé*,
on tenait essentiellement à le conserver. Delatouche, consulté, tran-
cha la question par un compromis :
Sand resterait intact et je prendrais
un autre prénom qui ne servirait
qu'à moi. Je pris vite et sans chercher celui de George qui me paraissait synonyme de Berrichon.
Jules et George, inconnus au pu-

blic, passeraient pour frères ou
cousins.

Le nom me fut donc bien ac-
quis, et Jules Sandeau, resté légitime propriétaire de *Rose et Blan-
che*, voulut reprendre son nom en
toutes lettres, afin, disait-il, de ne
pas se parer de mes plumes. A cette
époque, il était fort jeune et avait
bonne grâce à se montrer si modeste. Depuis il a fait preuve de
beaucoup de talent pour son compte,
et il s'est fait un nom de son véritable nom. J'ai gardé, moi, celui
de l'assassin de Kotzebue qui avait
passé par la tête de Delatouche et
qui commença ma réputation en
Allemagne, au point que je reçus

18.

des lettres de ce pays où l'on me
priait d'établir ma parenté avec
Karl Sand, comme une chance de
succès de plus. Malgré la vénération
de la jeunesse allemande pour le
jeune fanatique dont la mort fut si
belle, j'avoue que je n'eusse pas
songé à choisir pour pseudonyme
ce symbole du poignard de l'illu-
minisme. Les sociétés secrètes vont
à mon imagination dans le passé,
mais elles n'y vont que jusqu'au
poignard exclusivement, et les personnes qui ont cru voir, dans ma
persistance à signer Sand et dans
l'habitude qu'on a prise autour de
moi de m'appeler ainsi, une sorte
de protestation en faveur de l'as-
sassinat politique se sont absolu-

ment trompées. Cela n'entre ni dans mes principes religieux ni dans mes instincts révolutionnaires. Le mode de société secrète ne m'a même jamais paru d'une bonne application à notre temps et à notre pays; je n'ai jamais cru qu'il en pût sortir autre chose désormais chez nous qu'une dictature, et je n'ai jamais accepté le principe dictatorial en moi-même.

Il est donc probable que j'eusse changé ce pseudonyme, si je l'eusse cru destiné à acquérir quelque célébrité; mais jusqu'au moment où la critique se déchaîna contre moi à propos du roman de *Lélia*, je me flattai de passer inaperçue dans la

foule des lettrés de la plus humble
classe. En voyant que, bien malgré
moi, il n'en était plus ainsi, et
qu'on attaquait violemment tout
dans mon œuvre, jusqu'au nom
dont elle était signée, je maintins
le nom et poursuivis l'œuvre. Le
contraire eût été une lâcheté.

Et à présent j'y tiens, à ce nom,
bien que ce soit, a-t-on dit, la
moitié du nom d'un autre écrivain.
Soit. Cet écrivain a, je le répète,
assez de talent pour que quatre
lettres de son nom ne gâtent aucune *couverture imprimée*, et ne son-
nent point mal à mon oreille
dans la bouche de mes amis. C'est

le hasard de la fantaisie de Delatouche qui me l'a donné. Soit encore : je m'honore d'avoir eu ce
poëte, cet ami pour parrain. Une
famille dont j'avais trouvé le nom
assez bon pour moi a trouvé ce
nom de Dudevant (que la baronne susnommée essayait d'écrire
avec une apostrophe) [1] trop illus-
tre et trop agréable pour le com-
promettre dans la république des
arts. On m'a baptisée, obscure et
insouciante, entre le manuscrit d'*Indiana*, qui était alors tout mon
avenir, et un billet de mille francs
qui était, en ce moment-là, toute

---

[1] Elle prétendait que le nom primitif était
O'Wen.

ma fortune. Ce fut un contrat, un
nouveau mariage entre le pauvre apprenti poëte que j'étais et
l'humble muse qui m'avait consolée
dans mes peines. Dieu me garde de
rien déranger à ce que j'ai laissé
faire à la destinée. Qu'est-ce qu'un
nom dans notre monde révolu-
tionné et révolutionnaire? Un nu-
méro pour ceux qui ne font rien,
une enseigne ou une devise pour
ceux qui travaillent ou combattent.
Celui qu'on m'a donné, je l'ai fait
moi-même et moi seule après coup,
par mon labeur. Je n'ai jamais ex-
ploité le travail d'un autre, je n'ai
jamais pris, ni acheté, ni emprunté
une page, une ligne à qui que ce
soit. Des sept ou huit cent mille

francs que j'ai gagnés depuis vingt
ans, il ne m'est rien resté, et aujourd'hui, comme il y a vingt ans,
je vis, au jour le jour, de ce nom
qui protége mon travail et de ce
travail dont je ne me suis pas réservé une obole. Je ne sens pas
que personne ait un reproche à
me faire, et, sans être fière de
quoi que ce soit (je n'ai fait que
mon devoir), ma conscience tranquille ne voit rien à changer dans le
nom qui la désigne et la personnifie.

Mais avant de raconter ces choses littéraires, j'ai encore à résumer
diverses circonstances qui les ont
précédées.

Mon mari venait me voir à Paris. Nous ne logions point ensemble, mais il venait dîner chez moi et il me menait au spectacle. Il me paraissait satisfait de l'arrangement qui nous rendait, sans querelles et sans questions aucunes, indépendants l'un de l'autre.

Il ne me sembla pas que mon retour chez moi lui fût aussi agréable. Pourtant je sus faire supporter ma présence en ne critiquant et ne troublant rien des arrangements pris en mon absence. Il ne s'agissait plus pour moi d'être chez moi, en effet. Je ne regardais plus Nohant comme une chose qui m'appartînt.

La chambre de mes enfants et ma cellule à côté étaient un terrain neutre où je pouvais camper, et si beaucoup de choses me déplaisaient ailleurs, je n'avais rien à dire et ne disais rien. Je ne pouvais m'en prendre à personne de la démission que j'avais librement donnée. Quelques amis pensèrent que j'aurais dû ne pas le faire, mais lutter contre les causes premières de cette résolution. Elles avaient raison en théorie, mais la pratique ne se met pas toujours si volontiers qu'on croit aux ordres de la théorie. Je ne sais pas combattre pour un intérêt purement personnel. Toutes mes facultés et toutes mes forces peuvent se mettre au service d'un

sentiment ou d'une idée; mais quand
il ne s'agit que de moi, j'aban-
donne la partie avec une faiblesse
apparente qui n'est, en somme, que
le résultat d'un raisonnement bien
simple : Puis-je remplacer pour un
autre les satisfactions bonnes ou
mauvaises que je lui ferais sacrifier? Si c'est oui, je suis dans
mon droit; si c'est non, mon droit
lui paraîtra toujours inique et ne
me paraîtra jamais bien légitime à
moi-même.

Il faut avoir pour contrarier et
persécuter quelqu'un dans l'exercice
de ses goûts des motifs plus graves que l'exercice des siens propres.
Il ne se passait alors dans ma

maison rien d'apparent dont mes enfants dussent souffrir. Solange allait me suivre, Maurice vivait, en mon absence, avec Jules Boncoiran, son bon petit précepteur. Rien ne dut me faire croire que cet état de choses ne pût pas durer, et il n'a pas tenu à moi qu'il ne durât pas.

Quand vint l'établissement au quai Saint-Michel avec Solange, outre que j'éprouvais le besoin de retrouver mes habitudes naturelles, qui sont sédentaires, la vie générale devint bientôt si tragique et si sombre, que j'en dus ressentir le contre-coup. Le choléra enveloppa des premiers les quartiers qui nous en-

touraient. Il approcha rapidement,
il monta, d'étage en étage, la maison que nous habitions. Il y em-
porta six personnes et s'arrêta à la
porte de notre mansarde, comme
s'il eût dédaigné une si chétive
proie.

Parmi le groupe de compatriotes
amis qui s'était formé autour de
moi, aucun ne se laissa frapper de
cette terreur funeste qui semblait
appeler le mal et qui généralement
le rendait sans ressources. Nous
étions inquiets les uns pour les autres, et point pour nous-mêmes.
Aussi, afin d'éviter d'inutiles angoisses, nous étions convenus de nous
rencontrer tous les jours au jardin

du Luxembourg, ne fût-ce que pour un instant, et quand l'un de nous manquait à l'appel, on courait chez lui. Pas un ne fut atteint, même légèrement. Aucun pourtant ne changea rien à son régime et ne se mit en garde contre la contagion.

C'était un horrible spectacle que ce convoi sans relâche passant sous ma fenêtre et traversant le pont Saint-Michel. En de certains jours, les grandes voitures de déménagements dites tapissières, devenues les corbillards des pauvres, se succédèrent sans interruption, et ce qu'il y avait de plus effrayant, ce n'était pas ces morts entassés pêle-mêle

comme des ballots, c'était l'absence
des parents et des amis derrière les
chars funèbres; c'était les conduc-
teurs doublant le pas, jurant et
fouettant les chevaux, c'était les passants s'éloignant avec effroi du hi-
deux cortége, c'était la rage des
ouvriers qui croyaient à une fantastique mesure d'empoisonnement et
qui levaient leurs poings fermés
contre le ciel; c'était, quand ces
groupes menaçants avaient passé,
l'abattement ou l'insouciance qui
rendaient toutes les physionomies
irritantes ou stupides.

J'avais pensé à me sauver, à
cause de ma fille; mais tout le

monde disait que le déplacement et
le voyage étaient plus dangereux
que salutaires, et je me disais aussi
que si l'influence pestilentielle s'é-
tait déjà, à mon insu, attachée à
nous, au moment du départ, il valait mieux ne pas la porter à Nohant, où elle n'avait pas pénétré et
où elle ne pénétra pas.

Et puis, du reste, dans les dan-
gers communs dont rien ne peut
préserver, on prend vite son parti.
Mes amis et moi, nous nous disions que, le choléra s'adressant plus
volontiers aux pauvres qu'aux riches,
nous étions parmi les plus mena-
cés et devions, par conséquent, ac-

cepter la chance sans nous affecter
du désastre général où chacun de
nous était pour son compte, aussi
bien que ces ouvriers furieux ou
désespérés qui se croyaient l'objet
d'une malédiction particulière.

Au milieu de cette crise sinistre,
survint le drame poignant du cloî-
tre Saint-Merry. J'étais au jardin du
Luxembourg avec Solange, vers la
fin de la journée. Elle jouait sur le
sable, je la regardais, assise derrière le large socle d'une statue. Je
savais bien qu'une grande agitation
devait gronder dans Paris; mais je
ne croyais pas qu'elle dût sitôt gagner mon quartier : absorbée, je
ne vis pas que tous les promeneurs

s'étaient rapidement écoulés. J'entendis battre la charge, et, emportant ma fille, je me vis seule de mon sexe avec elle dans cet immense jardin, tandis qu'un cordon de troupes au pas de course traversait d'une grille à l'autre. Je repris le chemin de ma mansarde, au milieu d'une grande confusion et cherchant les petites rues, pour n'être pas renversée par les flots de curieux qui, après s'être groupés et pressés sur un point, se précipitaient et s'écrasaient, emportés par une soudaine panique. A chaque pas, on rencontrait des gens effarés qui vous criaient : « N'avancez pas, retournez, retournez! La troupe arrive, on tire sur tout le monde. »

Ce qu'il y avait jusque-là de plus
dangereux, c'était la précipitation
avec laquelle on fermait les bouti-
ques au risque de briser la tête à
tous les passants. Solange se démo-
ralisait et commençait à jeter des
cris désespérés. Quand nous arrivâ-
mes au quai, chacun fuyait en sens
différent. J'avançai toujours, voyant
que le pire c'était de rester dehors,
et j'entrai vite chez moi, sans
prendre le temps de voir ce qui
se passait, sans même avoir peur,
n'ayant encore jamais vu la guerre
des rues, et n'imaginant rien de ce
que j'ai vu ensuite, c'est-à-dire l'i-
vresse qui s'empare tout d'abord du
soldat et qui fait de lui, sous le
coup de la surprise et de la peur,

l'ennemi le plus dangereux que puissent rencontrer des gens inoffensifs dans une bagarre.

Et il ne faut pas qu'on s'en étonne. Dans presque tous ces événements déplorables ou magnifiques dont une grande ville est le théâtre, la masse des spectateurs, et souvent celle des acteurs, ignore ce qui se passe à deux pas de là, et court risque de s'entr'égorger, chacun cédant à la crainte de l'être. L'idée qui a soulevé l'ouragan est souvent plus insaisissable encore que le fait, et quelle qu'elle soit, elle ne se présente aux esprits incultes qu'à travers mille fictions délirantes. Le soldat est peuple, lui

aussi; la discipline n'a pas contri-
bué à éclairer sa raison, qu'elle lui
commanderait d'ailleurs d'abjurer,
s'il avait la prétention de s'en servir. Ses chefs le poussent au mas-
sacre par la terreur, comme souvent les meneurs poussent le peuple
à la provocation par le même
moyen. De part et d'autre, avant
qu'on ait brûlé une amorce, des
récits horribles, des calomnies atro-
ces ont circulé, et le fantôme du
carnage a déjà fait son fatal office
dans les imaginations troublées.

Je ne raconterai pas l'événement
au milieu duquel je me trouvais.
Je n'écris que mon histoire particulière. Je commençai par ne son-

ger qu'à tranquilliser ma pauvre enfant, que la peur rendait malade. J'imaginai de lui dire qu'il ne s'agissait, sur le quai, que d'une chasse aux chauves-souris comme elle l'avait vu faire sur la terrasse de Nohant à son père et à son oncle Hippolyte, et je parvins à la calmer et à l'endormir au bruit de la fusillade. Je mis un matelas de mon lit dans la fenêtre de sa petite chambre, pour parer à quelque balle perdue qui eût pu l'atteindre, et je passai une partie de la nuit sur le balcon, à tâcher de saisir et de comprendre l'action à travers les ténèbres.

On sait ce qui se passa en ce

lieu. Dix-sept insurgés s'étaient em-
parés du poste du petit pont de
l'Hôtel-Dieu. Une colonne de garde
nationale les surprit dans la nuit.
« Quinze de ces malheureux, dit
Louis Blanc (*Histoire de dix ans*)
furent mis en pièces et jetés dans
la Seine. Deux furent atteints dans
les rues voisines et égorgés. »

FIN DU TOME SEIZIÈME.

TABLE

DU TOME SEIZIÈME.

TROISIÈME PARTIE.

(*SUITE*.)

CHAPITRE VINGT-CINQUIÈME.

Coup d'œil rétrospectif sur quelques années es-
quissées dans le précédent chapitre. — Intérieur
troublé. — Rêves évanouis. — Ma religion. —
Question de la liberté des cultes, n'impliquant

CHAPITRE VINGT-SIXIÉME.

CHAPITRE VINGT-SEPTIÈME.